岡山文庫

318

戦国・安土桃山時代の池田氏

― 池田恒興と池田輝政 ―

倉敷ぶんか倶楽部 編

日本文教出版株式会社

岡山文庫・刊行のことば

岡山県は古く大和や北九州とともに、吉備の国として二千年の歴史をもち、遠くはるかな歴史の曙から、私たちの祖先の奮励とそして私たちの努力とによって、現在の強力な産業県へと飛躍的な発展を遂げております。

小社は創立十五周年にあたる昭和三十八年、このような歴史と発展をもつ古くして新しい岡山県のすべてを、〝岡山文庫〟(会員頒布)として逐次刊行する企画を樹て、翌三十九年から刊行を開始いたしました。

以来、県内各方面の学究、実践活動家の協力を得て、岡山県の自然と文化のあらゆる分野の、様々な主題と取り組んで刊行を進めております。

郷土生活の裡に営々と築かれた文化は、近年、急速な近代化の波をうけて変貌を余儀なくされていますが、このような時代であればこそ、私たちは郷土認識の確かな視座が必要なのだと思います。

岡山文庫は、各巻ではテーマ別、全巻を通すと、壮大な岡山県のすべてにわたる百科事典の構想をもち、その約50%を写真と図版にあてるよう留意し、岡山県の全体像を立体的にとらえる、ユニークな郷土事典をめざしています。

岡山県人のみならず、地方文化に興味をお寄せの方々の良き伴侶とならんことを請い願う次第です。

はじめに

備前岡山藩（岡山市）では寛永《かんえい》九年（一六三二）に池田光政《みつまさ》が三十一万五千石で入封して以降、明治初年の版籍奉還《はんせきほうかん》、廃藩置県《はいはんちけん》まで継続して池田氏が藩主、藩知事の職にあった。なお、光政は池田氏の本家（宗家）で、これより先の慶長《けいちょう》八年（一六〇三）には分家の池田忠継《ただつぐ》が岡山藩主に抜擢《ばってき》され、兄で当時は播磨《はりま》姫《ひめ》路《じ》藩（兵庫県姫路市）の世子《せいし》（次期藩主）だった池田利隆《としたか》（光政の父）が監国《かんこく》として岡山藩政の確立に貢献している。

ところで、残念なことに現在の岡山県内では、戦国時代、安土桃山《あづちももやま》（織豊《しょくほう》）時代の池田氏の歴史、人物が話題となることは稀《まれ》である。戦国時代、安土桃山時代の人物のうち、利隆の祖父、光政の曾祖父《そうそふ》である池田恒興《つねおき》（一五三六～八四）は乳兄弟《ちきょうだい》である織田信長の尾張《おわり》統一、天下統一に貢献するが、天正《てんしょう》十二年（一五八四）の長久手《ながくて》の戦いで徳川家康、織田信雄《のぶかつ》（信長の次男）の連合軍に敗れ、嫡子《ちゃくし》・池田元助《もとすけ》と共に壮烈な討死を遂げた。

父の討死後、池田氏の家督を相続した次男・池田輝政《てるまさ》（一五六五～一六一三）は、文禄《ぶんろく》三年（一五九四）に徳川家康の次女である良正院《りょうしょういん》（富子／一五六五？～一六一五）を継室《けいしつ》（後妻）に迎え、慶長五年（一六〇〇）の関ケ原の戦いでは岐阜城攻防戦などで大活躍する。戦勝後、輝政は岳父《がくふ》・家康の手で五十二万石の姫路藩主に抜擢されたが、八年もの歳月を費やして名城・姫路城を築城した点で名高い。のちに、輝政・良正院夫妻の間に生まれた同忠継ら五人の男子は相次いで大名に取り立てられ、池田一族の石高《こくだか》の総計は百万石に迫った。

何よりも、外様《とざま》大名ながら輝政自身が幕政に一定の発言権を有していたこともあり、輝政は周囲から「西国の将軍」、あるいは「姫路宰相《さいしょう》百万石」と呼ばれて畏敬《いけい》されている。

そこで本書では池田氏のルーツに触れた上で、恒興・輝政父子の生い立ち、戦歴、功績などに触れると共に、恒興の母、信長の乳母の養徳院《ようとくいん》（大御乳様《おおおちさま》／一五一五～一六〇八）、恒興の三男で備中松山藩（高梁市）主・池田氏の家祖である池田長吉《ながよし》（一五七〇～一六一四）、池田氏の重臣にも頁を割《さ》いた。本書をお読みいただければ池田恒興・輝政父子をはじめとする戦国時代、安土桃山時代の池田氏の歴史、人物が容易に御理解いただけると思う。

ところで、池田氏関係の系図、家譜でまとまったものとしては、江戸幕府が編《へん》纂《さん》した『寛永諸家系図伝《かんえいしょけけいずでん》』や『寛政重修諸家譜《かんせいちょうしゅうしょかふ》』、岡山藩士の斎藤一興らが編纂した『池田家履歴略記』、鳥取藩の分家で鳥取西館新田藩《にしやかたしんでん》（鳥取市）主の池田定常《さだつね》（松平冠山《かんざん》）が編纂した『池田氏家譜集成』などがある。なお、江戸時代までは人物の実名のことを諱《いみな》といったが、『池田家履歴略記』や『寛政重修諸家譜』などは輝政の父の名を池田信輝《のぶてる》、兄の名を池田之助《ゆきすけ》としており、昭和時代以降に岡山県内で刊行された池田氏関係の図書でも信輝、之助という諱が用いられてきた。

現在でも供養《くよう》、顕彰行事ではこれらの諱が用いられているが、父や兄の諱は正確には恒興、元助で、父は討死する少し前に発した文書にも恒興と署名している。

次に、『寛政重修諸家譜』などには永禄《えいろく》元年（一五五八）に信長とその弟・織田勘十郎《かんじゅうろう》とが対立した際、信輝こと恒興が主君・信長の命に従い勘十郎を討ち果したと記されている。以上は事実と思われるが、やはり昭和時代以降に岡山県内で刊行された池田氏関係の図書には、恒興が勘十郎を討ち、未亡人を正室に迎えたと記しているものが複数ある。

けれども、恒興の正室・善応院《ぜんおういん》（荒尾善次《よしつぐ》の娘／？〜一六〇四）は勘十郎の未亡人ではなく、信長の異母兄弟・織田安房守《あわのかみ》の未亡人である。このことは、恒興が安房守・善応院夫妻の娘・七条《しちじょう》を養女とし、輝政が七条とその夫・下間頼龍《しもつまらいりゅう》との間に生まれた重利《しげとし》（播磨新宮《はりましんぐう》藩主）に池田姓を許している点からも明らかである。なお、信長関係の書物では『織田系図』（『続群書類従《ぞくぐんしょるいじゅう》』所収）や『寛政重修諸家譜』をもとに安房守の諱が信時《のぶとき》、勘十郎の諱が信行《のぶゆき》とされることが多い。ただし、本人が発した文書には安房守は秀俊《ひでとし》、勘十郎は信勝《のぶかつ》、達成《たつなり》、信成《のぶなり》などと署名しており、これらが両人の本当の諱と考えられている。

ほかにも、輝政の最初の正室・糸姫《いとひめ》（中川清秀《きよひで》の娘）が輝政と離婚後、美作津山藩（津山市）主となる森忠政《ただまさ》へ嫁《とつ》いだとする説も耳にした。ただし、忠政の正室・チボも清秀の娘だが、糸姫とチボは姉妹であって同一人物ではない。

以上のような点を踏まえて、本書では輝政の父の名を池田恒興、兄の名を池田元助という諱で統一した。一方、恒興ゆかりの織田氏の武将に関しては、混乱を避けるために安房守、勘十郎という通称を用いている。ちなみに、輝政自身も最晩年まで表記は池田照政で、兵庫県下などには照政と署名した文書が数多く現存しているが、本書では一般に知られている輝政という表記で統一した。

令和二年三月十日

倉敷ぶんか倶楽部
川　口　素　生

○目　次／戦国・安土桃山時代の池田氏——池田恒興と池田輝政——

本扉写真：岡山城
表紙カバー写真および各中扉写真提供：鳥取県立博物館

第一章　中興の祖池田恒興（上）

——父母と出仕後の戦功

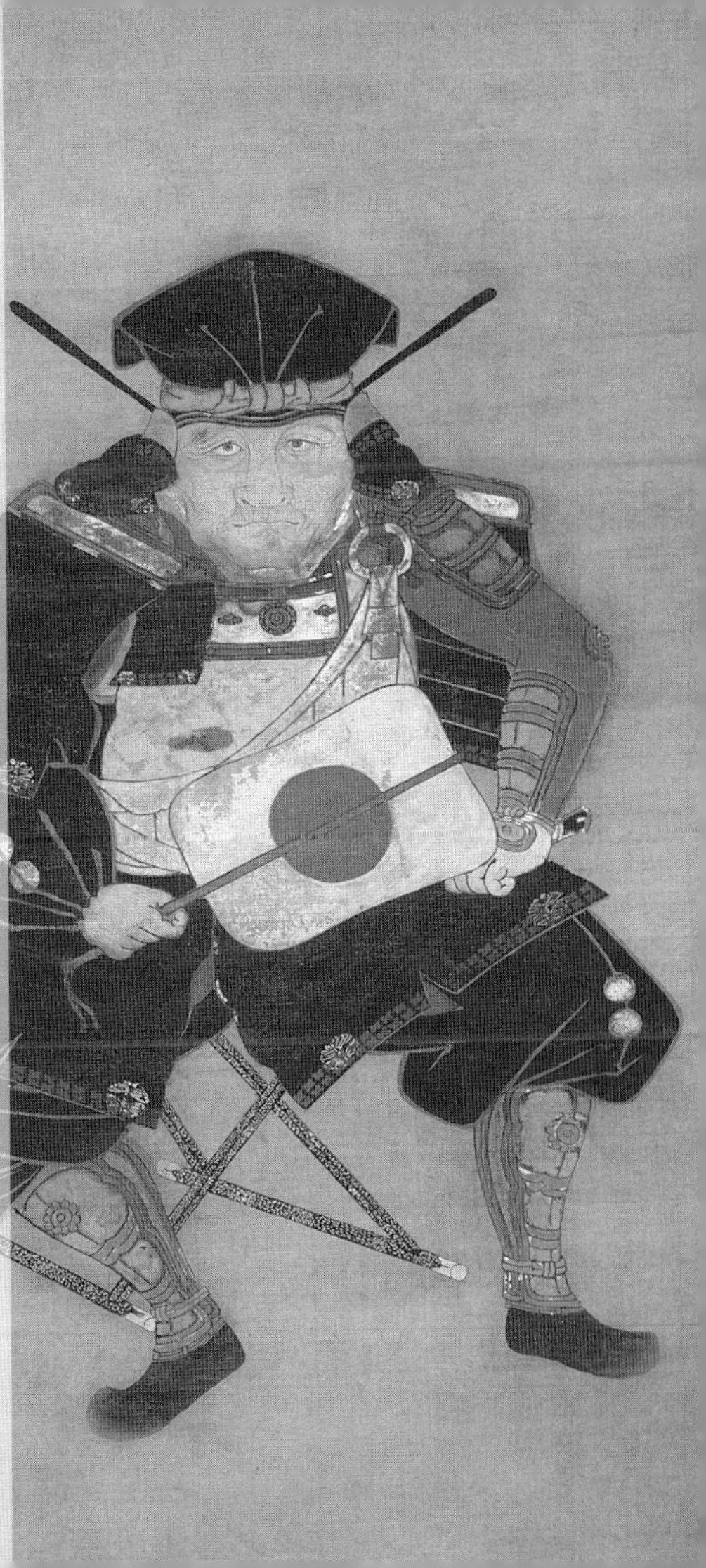

復元された摂津池田城の門と橋
（大阪府池田市・池田城跡公園）

楠木正成の銅像
（東京都千代田区・皇居前広場）

池田城址の石碑
（大阪府池田市・池田城跡公園）

瀧川城跡

近江滝川城跡（滋賀県甲賀市）の全景

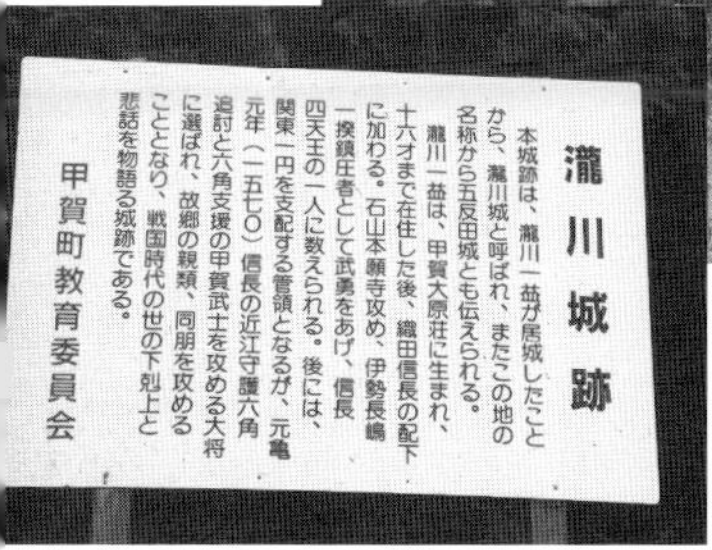
瀧川城跡
本城跡は、瀧川一益が居城したこと
から、瀧川城と呼ばれ、またこの地の
名称から五反田城とも伝えられる。
瀧川一益は、甲賀大原荘に生まれ、
十六才まで在住した後、織田信長の配下
に加わる。石山本願寺攻め、伊勢長嶋
一揆鎮圧者として武勇をあげ、信長
四天王の一人に数えられる。後には、
関東一円を支配する管領となるが、元亀
元年（一五七〇）信長の近江守護六角
追討と六角支援の甲賀武士を攻める大将
に選ばれ、故郷の親類、同朋を攻める
こととなり、戦国時代の世の下剋上と
悲話を物語る城跡である。
甲賀町教育委員会

滝川城跡（滋賀県甲賀市）の説明板

池田恒興ゆかりの
檜尾神社本殿
（滋賀県甲賀市）

森忠政の銅像（津山市・津山城跡）

甲賀忍者の銅像
（滋賀県甲賀市・JR甲賀駅前）

池田恒利の墓碑（岐阜県池田町・養源院跡）

吉法師

織田信秀・土田御前夫妻と幼少時代の織田信長（吉法師）
の銅像（愛知県愛西市・名鉄勝幡駅前）

那古野城跡の石碑（名古屋市中区・名古屋城跡）
織田信長（吉法師）は生誕後まもなく父母と離れ、尾張那古野城で育った

現在の五郎丸の中心・五郎丸交差点
（愛知県犬山市）

小田井城趾の石碑（愛知県清須市）。栄輪院の夫・織田信直は尾張小田井城主・同信張の嫡子だった

清洲古城趾の石碑（愛知県清須市・清洲城跡）

少年時代の織田信長（吉法師）をモチーフとした銅像（岐阜市・岐阜公園）

織田信長の銅像
（岐阜市・ＪＲ岐阜駅前）

星崎城址の石碑
（名古屋市南区・市立笠寺小学校）

萱津古戦場跡の石碑
（愛知県あま市）

尾張犬山城天守閣
（愛知県犬山市）

尾張名古屋城清洲櫓（西北隅櫓／名古屋市中区）
清洲城跡から移築されたとする伝承が残る

浮野古戦場址の石碑（愛知県一宮市）

桶狭間古戦場趾の石碑（愛知県豊明市）

有岡城跡の石碑
（兵庫県伊丹市·JR伊丹駅前）

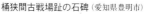

石山本願寺推定地の石碑
（大阪市中央区・大阪市立修道館前）

高山右近の石像
（大阪市中央区・大阪
カテドラル聖マリア大聖堂）

兵庫城跡の石碑（神戸市兵庫区）

池田宣政が揮毫した花隈城趾の石碑
（神戸市中央区・花隈公園）

享禄四年（一五三一）の合戦・「大物くづれ戦跡」の石碑（兵庫県尼崎市）。この付近に摂津尼崎城（大物城、尼崎古城）があった

復元された摂津花隈城跡の石垣（神戸市中央区・花隈公園）

池田恒利像
（鳥取県立博物館蔵）

岡山藩主・池田氏の先祖

備前岡山藩主・池田光政《みつまさ》、因幡《いなば》鳥取藩（鳥取市）主・池田光仲《みつなか》が提出した系図をもとに編纂《へんさん》された『寛永諸家系図伝《かんえいしょけけいずでん》』の「池田」の項によると、摂津《せっつ》の源頼光《みなもとのよりみつ》の五代目に当たる滝口奉政《たきぐちともまさ》が池田右馬允《うめのじょう》と名乗って以降、この系統は池田氏を称したという。次いで、奉政の子孫で摂津（大阪府北部ほか）ゆかりという武将・池田教依《のりより》が楠木正行《くすのきまさつら》（正成《まさなり》の嫡子《ちゃくし》）の「遺腹《いふく》の子」を養って池田教正《のりまさ》と名乗ったとされている。

ただし、ルーツに関しては摂津源氏、楠木氏（後述）の子孫とする橘《たちばな》氏の他にも、池田定常《さだつね》（松平冠山《かんざん》）の『池田氏家譜集成』には宇多《うだ》源氏、伴《ばん》氏、紀《き》氏の系図が収録されているし、鳥取県立博物館などにも摂津源氏、橘氏以外の系図が所蔵されている。この後、教正の系統（摂津池田氏）は摂津池田城（大阪府池田市）を居城とする国人《こくじん》（戦国大名に次ぐ有力な武将）として存続したが、城主の池田勝正《かつまさ》は永禄《えいろく》十一年（一五六八）の織田信長の上洛後《じょうらくご》に没落した。

　他方、勝正の一族という池田教正（前出の教正とは別人）の系統、また佐々木氏の支族《しぞく》で近江甲賀郡《おうみこうか》池田（滋賀県甲賀市）出身という池田景雄《かげかつ》の系統（近江池田氏）は共に信長、豊臣秀吉に仕えたが、教正は文禄《ぶんろく》四年（一五九五）の豊臣秀次《ひでつぐ》事件で、景雄の子・池田秀氏《ひでうじ》は慶長《けいちょう》五年（一六〇〇）の関ケ原の戦いで没落している。

　以上の各氏とは別に、岡山藩主、鳥取藩主の両池田氏の先祖は美濃《みの》（岐阜県南部）に住んだとされていることから、美濃池田氏と呼ばれることが多い。美濃池田氏ゆかりの地といわれるに場所には、美濃揖斐《いび》郡池田荘《しょう》(同池田町)、同加茂《かも》郡池田郷《ごう》（同富加《とみか》町）、同可児《かに》郡池田郷（同多治見《たじみ》市）がある。そんな美濃池田氏の歴代当主のうち、比較的動向がはっきりしている最初の人物は、戦国時代末期の池田恒利《つねとし》であるといってよいであろう。

　近江櫟野《いちいの》城（甲賀市）主・滝川貞勝の子である恒利は生年は不明だが、室町幕府の第十二代将軍・足利義晴《よしはる》に仕え、のちに池田政秀《まさひで》の娘・養徳院《ようとくいん》の婿養子となって池田恒利と名乗る。天文《てんぶん》五年（一五三六）には恒利・養徳院夫妻の間に嫡子である恒興が生まれた。しかし、恒利は同七年三月二十九日に没したという（没年を同十七年とする説もある）。

なお、この恒利の墓碑は所在が不明だったが、江戸時代後期に美濃本郷村（池田町）の龍徳寺の近く（養源院《ようげんいん》跡）で発見された。また、画像（肖像画）は林原美術館などに所蔵されている。

有名だった池田氏の楠胤説

前項で触れたように、池田氏の先祖である教依は楠木正行の「遺腹の子」を養って池田教正と名乗った。すなわち、池田氏は正行の御落胤《ごらくいん》の子孫ということになるが、この楠胤説《なんいんせつ》は池田輝政《てるまさ》（恒興の次男）や孫・光政の強い希望に沿って説《と》かれたものとする指摘がある。

すなわち、南北朝時代の興亡をテーマとした『太平記《たいへいき》』の影響で、南朝に忠節を尽くした正成・正行父子は「忠臣中の忠臣」とみなされているが、光政らのブレーンの中にいたであろう講釈師《こうしやくし》（『太平記』読み）や軍学者によって楠胤説が強調された可能性が皆無とはいえない。また、前項で触れた二人目の教正は一時的ながら美濃岐阜城（岐阜市）主時代の輝政に仕えていた時期があり、輝政の岳父《がくふ》（正室・絲姫《いとひめ》の父）・中川清秀《きよひで》は池田城主・池田長正《ながまさ》（勝正の父）に仕えていた時期がある。輝政が家臣の教正や岳父の清秀から系図を借用したり、楠胤説に関する情報を得たりした可能性も指摘できよう。

以上とは別に、楠胤説に懐疑的な内容の系図があるのも事実である。先に名をあげた池田定常（松平冠山）なども『思ひ出草』などの中で、大名の先祖に関しては、「その説ありても皆取りがたきのみなり（＝信じるに足りない説ばかりである）」と断った上で、

「我が家にていはゞ護国院信輝入道《ごこくいんのぶてるにゅうどう》（＝恒興）より前はその実一決《じついっけつ》しがたし」

と述べている。当時、定常は「柳《やなぎ》の間《ま》の三学者」の一人に数えられていた外様《とざま》大名屈指の碩学《せきがく》であるが、その定常をもってしても恒興以前は確かなこ

とがわからなかったのだろう。

それでも、池田氏の楠胤説は、江戸時代には大名などの間に広く知れ渡っていたらしい。

たとえば、元治《げんじ》元年（一八六四）に長州《ちょうしゅう》藩（山口県萩《はぎ》市）主・毛利敬親《たかちか》が岡山藩第九代藩主・池田茂政《もちまさ》に送った書状の中には、

「貴藩之儀《きはんのぎ》は遠く楠廷尉《くすのきていい》（正成）余裔《よえい》を継がせられ」

という字句すら認められる。実は茂政は第十五代将軍・徳川慶喜《よしのぶ》の弟だったので、敬親は茂政に勤皇《きんのう》方として行動するように求めるべく、楠胤説を持ち出したのである。

父・池田恒利は甲賀忍者か

恒利の生誕地は近江櫟野城とされるが、表記が一宇野となっている系図類もあり、「いちいの」、もしくは「いちうの」と読むという。けれども、「いちの」

と読む現在の甲賀市甲賀町櫟野には滝川城跡などがあり、恒利の生まれたのは同城の可能性が高い。また、櫟野に近い檜尾《ひのお》神社（甲賀市甲南町池田）の本殿は恒興（池田勝三郎《しょうざぶろう》信輝）が天正《てんしょう》八年（一五八〇）に寄進したもので棟札《むなふだ》も現存するが、この棟札のことは系図類にも記されている。

近江時代の恒利の動向は詳しくはわからないのだが、留意すべきは恒利が滝川貞勝の子という点であろう。『寛政重修諸家譜』の「滝川」の系図では同一益《かずます》は滝川貞勝の孫、一勝《かずかつ》の子とされている。『寛政重修諸家譜』の記述によれば恒利と一益とが従兄弟《いとこ》の間柄ということになるが、恒利と一益が叔《お》父《じ》と甥《おい》、一益と恒興が従兄弟の間柄とする説もある。この一益は甲賀郡大原（甲賀市）生まれで、甲賀郡の郡中惣《ぐんちゅうそう》（自治組織）を構成した二十一家の一つ・滝川氏の出身とみなされている。

また、通常、この二十一家は甲賀忍者とみなされることが多いが、これが転じて一益の前身を甲賀忍者とみなす説も取り沙汰されて来た。さらに、二十一家の一つには池田氏もある。信長の伝記『信長公記』の首巻《しゅかん》には、一益が弁慶《べんけい》の扮装《ふんそう》をしたことが明記されている。この記述などから、一益が合戦の場で戦況に応じて変装し、敵陣へ潜入していたことが推測できよう。

そういえば、同じ時代を生きた甲賀出身の武士の中には、忍者のような超人的な活躍をした者が複数いる。たとえば、のちに美作津山藩（津山市）の藩士となる伴惟安《ばんこれやす》（左衛門尉《さえもんのじょう》）などは天正十年の本能寺の変の直後に森忠政《ただまさ》を甲賀へ避難させ、津山藩成立後には子の同惟利《これとし》が江戸から津山へ短時間（一説に一夜）で戻って主家の窮地を救うなどした。

したがって、甲賀郡大原の滝川氏の生まれで、一益の叔父、もしくは従兄の恒利が甲賀忍者であっても不思議はないのだが、系図類ではこの点は確認できない。それでも、藩士から提出された先祖書をもとに編纂された『岡山藩家中諸士家譜五音寄』を精査すると、岡山藩士には一益の一族、あるいは甲賀郡ゆかりと思われる武士が比較的多いことがわかる。

なお、一般にはあまり知られていないようだが、江戸時代中期の尾張《おわり》藩士・天野信景《さだかげ》の『塩尻《しおじり》』には恒利が尾張荒子《あらこ》（名古屋市中川区）に住んだと記されている。いうまでもなく、荒子は前田利家《としいえ》の生誕地で、恒利に関連した史跡、伝承などはまったくない。おそらく、荒子というのは後で触れる尾張荒《あら》尾郷《おごう》（愛知県東海市）との混同に違いない。

母・養徳院は織田信長の乳母

恒利の正室は池田政秀の娘で俗名は不明だが、生前の通称は大御乳様《おおおちさま》、法名は桂昌《けいしょう》といい、院号《いんごう》を養徳院といった。当時、貴人《きじん》の乳母《うば》のことを御乳《おち》の人《ひと》、御乳様といったが、のちに信長に嫡子《ちゃくし》・織田信忠《のぶただ》、孫の三法師《さんぼうし》（同秀信《ひでのぶ》）が生まれたため、大殿《おおとの》（＝信長）の御乳様という意味で大御乳様と呼ばれるようになったのだろう。

以後、養徳院という院号で書き進めるが、永正《えいしょう》十二年（一五一五）生まれという養徳院は天文五年、婿養子である恒利との間に一子《いっし》・恒興をもうけている。

やがて、夫の甥、もしくは従弟《いとこ》という一益と、自身の義兄（姉の夫）という森寺秀勝《ひでかつ》の口添えにより、養徳院は夫の主君である織田信秀《のぶひで》の嫡子・同信長の乳母となった。

なお、一般には「癇《かん》の強い」信長は乳母の乳首《ちくび》を次々と噛《か》み切《き》ったが、なぜか養徳院の乳首だけは噛み切らず、おとなしく乳を飲んだという逸話が取り沙汰されてきた。けれども、授乳《じゆにゆう》期の幼児が乳首を噛み切ったという話は事実とは思えないし、信長は同三年生まれ、恒興は同五年生まれである。養徳院は授乳のための乳母ではなく、弟の勘十郎を溺愛《できあい》する母・土田御前《ごぜん》に代わって信長の面倒をみる養育係、お目付役《めつけやく》だったのだろう。

『池田家文書』によると、養徳院は元亀《げんき》四年（天正元年／一五七三）に信長から五郎丸《ごろうまる》（愛知県犬山市）に百五十貫文《かんもん》の知行《ちぎよう》を与えられている。

また、養徳院が晩年に孫の輝政に宛てた複数の遺言状には、美濃方県《かたかた》郡長良郷《ながらごう》（岐阜市）の八百石の知行について、自分が、

「とうかんさま（桃巌《とうがん》（院《いん》）様＝信秀）、そうけいゐんさま（総見《そうけん》（院《いん》）様＝信長）」

から長く拝領していたものである、と主張している。したがって、養徳院は乳母となった時点で信秀から尾張国内のどこかで扶持《ふち》をもらったものと推測される。ともあれ、少年時代には奇行を繰り返し、母の土田御前や傅役《もりやく》・平手政秀《まさひで》が信長を見放した中、根気強く向き合い、信長を天下人にまで育て上げた養徳院の功績は称賛されてしかるべきであろう。

ところで、養徳院に関しては先年、夫の没後に主君・信秀の側室となり、天文二十一年に信長の末妹に当たる栄輪院《えいりんいん》（織田信直《のぶなお》の正室）を産んだという説がある研究者によって主張された。

けれども、この説の典拠は『諸家系図纂《しょけけいずさん》』の記述のみである。これに対して、栄輪院が生まれた当時の養徳院が三十八歳（数え年）であったこと、恒興を産んでから十六年も経っていること、他に養徳院が信秀の側室だったとする史料や系図類が皆無であることなどから、養徳院が信秀の娘を産んだという説に否定的な意見の研究者もいる。

恒興の出生地は美濃か、尾張か

池田恒興は天文五年に恒利、養徳院を父母としてこの世に生を受けた。恒興の通称は勝三郎《しょうざぶろう》、紀伊守《きいのかみ》、号は勝入斎《しょうにゅうさい》（勝入）で、院号を護国院《ごこくいん》という。『池田家履歴略記』などの家譜や系図類では諱（実名）を信輝とするものが多いが、信輝は明らかに誤りである。

生誕地に関しては美濃、尾張（愛知県西部）、摂津、近江（滋賀県）などの説がある。このうち、摂津説は家譜、系図類、近江説は小瀬甫庵《おぜほあん》の『太閤記《たいこうき》』に記されているが、家譜や系図類は他の諸説にも触れており、参考までに記したもののようである。また、『太閤記』の記述は、近江出身の父の恒利と取り違えているように思われてならない。

残るのは美濃説と尾張説だが、美濃説は『土岐斎藤軍記』などの軍記、『美濃明細記』などの地誌《ちし》（地理書）に関連した記述がある。たとえば、『美濃明細記』には、

「美濃国池田之庄《のしょう》は外祖《がいそ》の領地なれば此所《このところ》に住し、（中略）勝三郎源信輝（恒興）の代まで累代《るいだい》池田之庄に居《お》れり」

と記されている。ところが、『寛永諸家系図伝』の「池田」の系図では、恒興は「生国尾州《しょうごくびしゅう》（＝尾張）」と書かれており、一般には尾張説が支持されているように思う。

では、生誕地は尾張のどこかということになる。一般には、恒興が尾張下《しも》四郡《よんぐん》の守護代《しゅごだい》・織田大和守《やまとのかみ》家（清洲《きよす》織田氏）の居城である尾張清洲城（愛知県清須《きよす》市）の城下で生まれたとみる説が流布している。踏み込んで説明すると、信長の父・信秀は大和守家の三奉行《さんぶぎょう》の一人であった。したがって、恒利・養徳院夫妻が清洲城下に住み、一子の恒興が清洲で生まれたとみるのは自然であるといえよう。なお、『信長公記』には、海東《かいとう》郡一色（愛知県稲沢市付近）出身の左介《さすけ》なる人物が後年、恒興の与力《よりき》となったと記されている。この一色に父・恒利の居館、知行があり、ここで恒興が生まれた可能性もある。

また、左介に関連して『信長公記』には、

「池田勝三郎衆《しゅう》権威に募《つの》り候《そうろう》の間《あいだ》」

とも記されており、恒興の有する家臣団が侮《あなど》り難い存在だったことが窺《うかが》える。

出仕を嫌った少年時代の恒興

母の養徳院が信長の乳母となったため、恒興は信長の乳兄弟ということになる。信長にとって二歳年下の恒興はちょうど良い遊び相手だったのかも知れない。この時、恒興は信長から下賜《かし》された上下《かみしも》（裃）を着て出仕《しゅっし》したが、この上下に「蝶《ちょう》」紋があしらわれていたことから、以後、池田氏では家紋として「蝶」紋を用いるようになる。

厳密にいうと、岡山藩主・池田氏は蝶が羽《はね》を拡げた状態の「備前蝶」紋を、鳥取藩主・池田氏では羽を閉じた状態の「因州蝶《いんしゅう》」紋を、備中松山藩（高梁市）主から旗本となった池田氏では二匹の蝶が対《むか》い合う状態の「池田対い蝶」紋が用いられたが、他に替紋《かえもん》として紀《き》氏ゆかりの「木瓜《もっこう》」紋、摂津源氏ゆかりの「笹竜胆《ささりんどう》」紋、それに「祇園守《ぎおんまもり》」紋などがある。

ところで、池田氏の重臣・森寺秀勝の正室である同忠勝《ただかつ》の母と、養徳院とを姉妹とする説があるので、この説に従えば恒興と忠勝は従兄弟ということになる。また、父の恒利が病没し、母の養徳院が信長の乳母となったからであろうか。秀勝を恒興の育ての親とする説も取り沙汰されてきた。ともあれ、のちに恒興はいかなる理由か、出仕を嫌って尾張を逐電《ちくでん》する。江戸時代中期の岡山藩士・湯浅常山《じょうざん》の『常山紀談《きだん》』によると、恒興は「森寺も同じく打連《うちつれ》て」逐電したという。森寺だけなので父の秀勝か、子の忠勝かは不明だが、ここから先は子の忠勝の逸話として書き進めることにする。

やはり、常山の『常山紀談』によると、もともと忠勝の家は「伊勢《いせ》（三重県中央部）の赤堀《あかほり》郡萩《はぎ》の城主」だったが、伊勢の国司《こくし》・北畠具教《きたばたけとものり》のために城を追われたのであるという。ただし、伊勢には赤堀郡はないし、伊勢赤堀城（三重県四日市市）の城主は森寺氏ではなく赤堀氏である。戦国時代末期の赤堀氏に関して『勢州《せいしゅう》軍記』に永禄《えいろく》年間（一五五八～六九）、北畠方が赤堀城を攻めたものの、赤堀氏の一族、家臣が一致団結して北畠方を撃退したと記されている。あるいは、忠勝の家は赤堀城を退去した後に森寺姓を名乗ったということなのであろうか。

ともあれ、忠勝は赤堀城やその周辺に縁者がいたらしく、尾張を逐電した恒興と忠勝は同城近郊に潜《ひそ》み、五年間も過ごしたという。往時の赤堀城は東海道や伊勢湾に近いという交通の要衝で、船を使えば尾張とも短時間で行き来することができた。帰参《きさん》の機会を窺《うかが》っていた恒興らが身を潜めるには、最適の場所だったのかもしれない。

初陣時の養徳院と森寺忠勝の逸話

そんな矢先、「主君・信長公が尾張星崎《ほしざき》城（名古屋市南区）を攻めるらしい」との報が恒興らのもとへもたらされた。そこで、忠勝は商人の扮装《ふんそう》をして信長の居城となっていた清洲城へ赴き、厨《くりや》（台所）で養徳院に会った。忠勝は

養徳院に向かい、

「恒興様から物具《もののぐ》（甲冑《かっちゅう》）を買うように命ぜられましたが、金《きん》も、銀もありません。購入資金を少し下さい」

と小さな声で切り出した。しかし、養徳院は、

「金銀があれば与えるが（ないので）、これを持って行くように」

といって、綾《あや》の小袖《こそで》三つを忠勝に与えた。当時、養徳院は信長から扶持をもらっていたはずだが、粗末な衣服では信長の母代わりはつとまらないし、ほかにもさまざまな面で支出を強いられていたから、手許に金銀の蓄えがなかったのだろう。

それでも、綾の小袖三つを受け取った忠勝はすぐさまそれを売って銀に換え、冑（鎧《よろい》）を購入した。弘治《こうじ》元年（一五五五）に信長の居城となっていた清洲の城下町では衣服や甲冑の売買をはじめとする商売が盛んで、小袖を銀に換えるのは容易だったのだろう。

なお、忠勝は甲冑や骨董《こっとう》に関して、相当の鑑定眼を有していたらしい。常

山の『常山紀談』には稲葉一鉄《いってつ》から贈られた備前焼を偽物と見抜き、一鉄の眼前で叩き割って無事に逃げ帰って来たという逸話が記されている。したがって、綾の小袖三つの売り捌《さば》きに際して、忠勝は買い叩かれるようなことはなかったに違いない。

それでも、母のお蔭で冑は調達出来たが、甲《かぶと》（兜）を買う分の銀がなかった。やむなく、恒興は茜《あかね》に染めた布を鉢巻《はちまき》にして星崎城攻めに加わるが、そんな恒興の姿をまのあたりにした信長は喜び、恒興を以前と同じように用いたとされている。

乳兄弟・信長に忠誠を尽くす

帰参した恒興は天文二十一年の萱津《かやづ》の戦い、弘治二年の稲生《いのう》の戦い、永禄《えいろく》元年（一五五八）の浮野《うきの》の戦い、同三年の桶狭間《おけはざま》の戦いに従軍する。このうち、稲生の戦いは信長と弟・勘十郎との戦いで、信長が槍で林美作守《みまさかのかみ》（秀貞《ひでさだ》の弟）

を突き伏せながら、

「数代重恩《ちようおん》の主君に弓を引くのか！」

と大音声で罵ったので、敵将の柴田勝家《かついえ》、林秀貞らも戦意を喪失《そうしつ》し、勘十郎方は総崩れとなる。直後に母・土田御前が信長に勘十郎の助命を求めたことから、信長も矛《ほこ》を収めた。しかし、勘十郎がなおも敵対行動を続けたため、信長は謀殺《ぼうさつ》を決意する。

その方法は「信長公が重病」と伝え、清洲城へ見舞いに来た勘十郎に自刃を迫り、拒んだ場合は成敗するというものであった。そうと知らない勘十郎は清洲城に見舞いに来た。信長方では屈強の者を潜ませたがうまく行かず、勘十郎は激しく抵抗する。その刹那《せつな》、恒興が城の廊下で勘十郎を捕らえて斬ったと『池田家履歴略記』などには記されているが、『信長公記』には北矢倉《きたやぐら》天主次《てんしゆつぎ》の間《ま》で河尻秀隆《ひでたか》らが勘十郎を斬ったと記されている。

以後も、恒興は永禄四年の軽海《かるみ》の戦い、同十二年の伊勢大河内城攻め、元《げん》亀《き》元年（一五七〇）の越前《えちぜん》征伐、姉川《あねがわ》の戦いに従軍した。軽海の戦いでは佐々成政《さっさなりまさ》と共に、敵方の稲葉又右衛門《またえもん》（一鉄の叔父《おじ》）を討ち取った。ところが、恒興と成政はいずれも「相手の手柄だ」と主張し、頑《がん》として自らの手柄とは認めなかったという。ともあれ、この当時の恒興率いる部隊は、同じ戦場でも信長率いる本隊とはやや離れた場所で激闘を演じている。勝家らには遠く及ばないものの、恒興はひとかどの武将として活躍を続けていたのだろう。

以上のような数々の手柄が認められた恒興は、元亀元年に尾張犬山城（愛知県犬山市）主に抜擢され、一万貫《まんがん》の領地を与えられたと『池田家履歴略記』などに記されている。

犬山城には恒興が城主だった時代の天守閣が現存している。木曾川《きそがわ》沿いの小丘《しょうきゅう》に聳《そび》え立つ姿は実に優美で、現在は国宝の指定を受けている。なお、信長が恒興を犬山城主に抜擢したのは、美濃への侵入を反復する武田方に備えるためだったに違いない。

信長の天下統一事業に貢献

天正《てんしょう》年間（一五七三〜九一）に入ると、信長は嫡子・織田信忠に尾張、美濃東部の軍事指揮権を与える。これに伴い、恒興は信忠軍団の一員として武田方に備えることとなった。同二年には武田方の猛攻を受けていた美濃明《あけ》知《ち》城（岐阜県恵那《えな》市）を救援するべく、恒興は美濃小里《おり》城（同瑞浪《みずなみ》市）へ入城する。この頃、武田方や石山本願寺が優勢であったからか、室町幕府の第十五代将軍・足利義昭《よしあき》、あるいは紀伊雑賀《きいさいか》（和歌山市）の地侍《じざむらい》などが相次いで信長に叛旗《はんき》を翻《ひるがえ》した。このため、恒興は美濃東部の戦況を睨《にら》みながら、家臣を率いて義昭の籠もる山城槙島《やましろまきしま》城（京都府宇治《うじ》市）や雑賀までの遠征を強いられている。

そんな矢先の同六年十月、信長から摂津の一部の支配を任されていた摂津有岡《ありおか》城（兵庫県伊丹《いたみ》市）主・荒木村重《むらしげ》が謀叛《むほん》を起こした。この後、村重は一度は説得に応じる構えをみせたが、結局は謀叛を継続し、同城へ籠城《ろうじょう》する。

これを受けて、恒興は嫡子・元助《もとすけ》、次男・輝政と共に有岡城攻めを命ぜられている。有岡城は平坦な場所に立地するが、村重に心を寄せる者が多く、城攻めは難航した。この間、説得に赴いた黒田孝高《よしたか》（官兵衛《かんべえ》、如水《じょすい》）が城内に幽閉されたり、信長の側近筆頭だった万見仙千代《まみせんちよ》が敵弾のために討死したりするという出来事も発生する。

当初、恒興らは有岡城周辺の倉橋砦《とりで》、次いで川端砦へ詰め、同七年十一月の有岡落城に貢献した。しかし、村重が籠城する摂津尼崎城（大物城《だいもつ》／兵庫県尼崎市）、それに同花隈城《はなくま》（神戸市中央区）は以後も抗戦を継続している。

このうち、花隈城の抵抗は特に頑強《がんきょう》で、織田方も大いに攻めあぐねた。そういったなか、恒興と元助、輝政は重包囲したうえで、森寺忠勝に城内の偵察を命じたり、伏兵《ふくへい》を置くなどの戦法で同城を陥落に追い込む。『常山紀談』には池田方が敵兵の不意の出現のために崩れた後、忠勝と八田八左衛門《はちざえもん》が城内に戻る敵兵に打撃を与えという話が記されている。

同八年閏《うるう》三月には池田方の陣が敵兵の攻撃を受けたものの、勝九郎《しょうくろう》（元助）、幸新《こしん》（古新／輝政）が「火花を散らし一戦に及ばれ」撃退したと記されている。兄弟らの奮戦もあり、同八年七月に同城を攻略した恒興は、主君・信長から大いに称賛された（第三章「摂津花隈城攻防戦で活躍」の項参照）。

ちなみに、同八年八月、信長は重臣の佐久間信盛《のぶもり》らを追放するが、信長が信盛の失態を列挙した折檻状《せっかんじょう》には、

「然《しか》て池田勝三郎《しょうざぶろう》（恒興）小身《しょうしん》といひ、程《ほど》なく花隈申付《もうしつけ》け、是又《これまた》天下の覚《おぼえ》を取る」

と記されている（『信長公記』巻十三）。この時の信長は、

「小身の恒興が短期間で花隈城を攻略した。それなのに信盛は石山本願寺攻めを命じてから五年間も経っているのに、何もしていないではないか！」

といいたかったのに違いない。

伊丹城主として摂津の主要部を支配

有岡、尼崎、花隈の各城の陥落後、信長は村重の旧領《きゅうりょう》を戦功の多かった恒興に与えた。これに伴い、恒興は犬山城から有岡城改め伊丹城へ居城を移している。また、恒興は摂津の主要部分の支配を任され、中川清秀《きよひで》（輝政の岳父）、高山右近《うこん》、村重の旧臣《きゅうしん》などが与力として恒興に付属されている。

この時、恒興が摂津大坂城（大阪市中央区）、元助が伊丹城、輝政が尼崎城を居城としたとする説もあるが、少なくとも恒興が大坂城を居城としたというのは誤りと思われる。

のちに、石山本願寺改め大坂城の跡地には、豊臣秀吉によって豪壮華麗《ごうそうかれい》な大坂城が築かれた。周知の通り、その大坂城が元和《げんな》元年（一六一五）の大坂夏の陣で落城した後、江戸幕府によって新たな大坂城が築城されている。

次に、恒興の手で花隈城は廃城となり、新たに摂津兵庫城（神戸市兵庫区）が築城された。また、尼崎城（大物城）も廃城となり、江戸時代初期に別の場所へ新たな摂津尼崎城（尼崎市）が築城されている。なお、維新後、花隈城跡に石柱状の石碑が建立されたが、石碑の「花隈城趾」の四字を揮毫《きごう》したのは池田宣政《のぶまさ》（最後の岡山藩主・同詮政《あきまさ》の孫）だった。その石碑が平成七年の阪神大震災で破損した後、近年、神戸市役所によって往時とほぼ同じ石碑がつくられ、建立されている。

ところで、江戸時代初期の尼崎郡代《ぐんだい》は建部光重《たけべみつしげ》（輝政の養女の婿）、初代尼崎藩主は同政長《まさなが》（義理の孫）で、兵庫城跡には尼崎藩が港湾支配のための陣屋《じんや》（兵庫津奉行所《ひょうごのつぶぎょうしょ》）を設置した。のちに、付近は江戸幕府の天領《てんりょう》（直轄地）となり、大坂町奉行所の出先機関・勤番所《きんばんしょ》が置かれている。ちなみに、維新後、初代兵庫県令（県知事）に就任した伊藤博文（初代総理大臣）が兵庫県庁を置いたのは、恒興ゆかりの兵庫城、勤番所の跡地だった。

第二章　中興の祖　池田恒興（下）

――晩年の活躍と恒興の家族

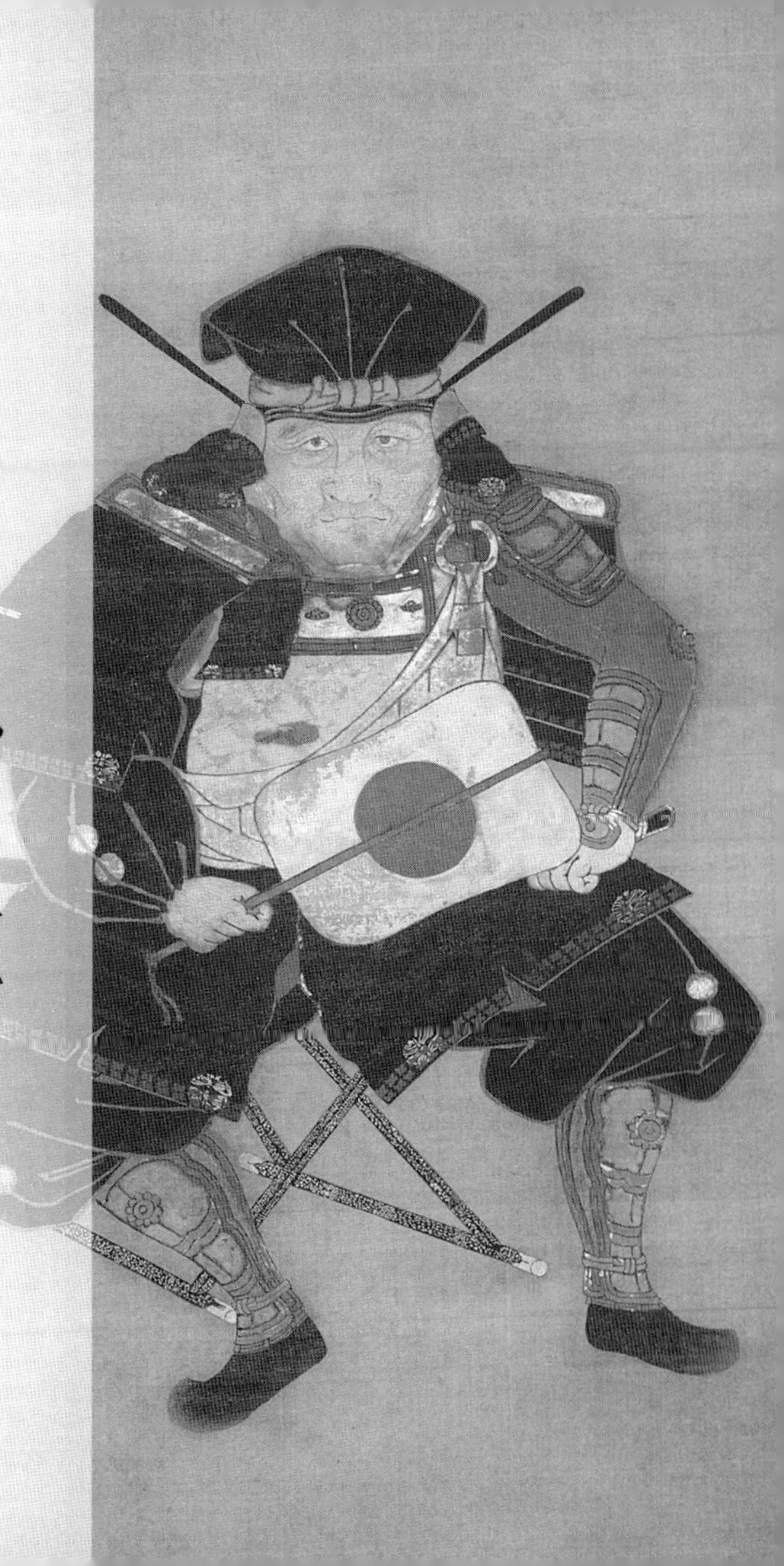

此附近本能寺址の石碑
（京都市中京区）

明智光秀の石像
（大津市・坂本城跡）

山崎古戦場の石碑
（京都府大山崎町）

森蘭丸の銅像
（兵庫県川西市・大阪青山大学）
蘭丸ら三兄弟は本能寺で討死した

尾張清洲城復興天守閣（愛知県清須市）

美濃墨俣城
復興天守閣
（岐阜県大垣市）

柴田勝家の銅像（福井市・柴田神社）。
勝家・お市の方夫妻が自刃した居城・越
前北ノ庄城は柴田神社付近にあった

尾張小牧山城復興天守閣（愛知県小牧市）

一宮城跡の石碑（愛知県一宮市・三菱ＵＦＪ銀行一宮支店前）
関成政（長安）はこの地にあった尾張一宮城で生まれた

織田信長時代の尾張小牧山城の石垣（愛知県小牧市）

野呂助左衛門の顕彰碑（愛知県犬山市・野呂塚）
重臣の助左衛門は主君・森長可の身代わりとなって羽黒（八幡林）で討死した

樂田城址の石碑（愛知県犬山市・市立楽田小学校前）

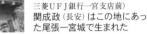

尾張楽田城から移築されたという常福寺山門（愛知県犬山市）

井伊直政の銅像
（滋賀県彦根市・JR彦根駅前）

尾張岩崎城復興天守閣
（岩崎城歴史記念館／愛知県日進市）

池田元助の墓碑・庄九郎塚
（愛知県長久手市・古戦場公園）

池田恒興の墓碑・勝入塚
（愛知県長久手市・古戦場公園）

森長可の墓碑・武蔵塚
（愛知県長久手市）

森長祥（最後の播磨三日月藩主・同俊滋の子）が建立した森長可の顕彰碑
（愛知県長久手市・武蔵塚）

池田恒興の墓碑（岐阜県池田町・龍徳寺）

池田恒興の葬儀が行なわれたという龍福寺本堂（岐阜県富加町）

守山城趾の石碑（名古屋市守山区）
善応院の先夫・織田安房守は守山城主だった

三田城跡の石碑（兵庫県三田市）

護国山正入寺の石標（兵庫県三木市）
山号の護国山は池田恒興の院号・護国院、寺号の正入寺は号の勝入斎にちなむ

本能寺の変後の弔い合戦で活躍

天正十年二月、信長による甲州《こうしゅう》征伐が本格化し、摂津にいた元助・輝政兄弟も遠征を命じられた。次いで、武田勝頼《かつより》（信玄《しんげん》の四男）が自刃し、武田氏が滅亡した後、信長は恒興に備中（岡山県西部）への出陣を命じている。なお、この時に恒興が明智光秀《あけちみつひで》の指揮下に入る予定だったとする書物が多いが、これは事実ではない。恒興、光秀はそれぞれ独立した軍団を率いて、備中へ出陣する予定だった。

ところが、六月二日未明、光秀は突如として信長の宿舎である本能寺《ほんのうじ》、嫡子・信忠が籠城《ろうじょう》した二条御所《ごしょ》（以上、京都市中京区／当時）を襲撃し、父子を自刃に追い込む。この凶事《きょうじ》を受け、伊丹城で出陣の準備中だった恒興、元助、輝政の三将は、出陣を中止して動静を窺うことにした。また、恒興はこの頃に剃髪《ていはつ》して勝入斎《しょうにゅうさい》と名乗り、池田氏の家督を元助に譲っている。光秀から勧誘があったか否かは正確には不明だが、光秀が信長の乳兄弟《ちきょうだい》である恒興を勧誘しなかった可能性は高い。

やがて、「備中大返し」を終えた秀吉が上方《かみがた》へ戻って来ると、秀吉、恒興、丹羽長秀《ながひで》、神戸《かんべ》信孝《のぶかた》（信長の三男）らが尼崎（大物《だいもつ》）城で軍議を開き、明智方に乾坤一擲《けんこんいってき》の戦いを挑むことで意見がまとまった。この時、秀吉が輝政を養子とし、三好信吉《のぶよし》（豊臣秀次《ひでつぐ》／秀吉の甥《おい》）が恒興の次女・致祥院《ちしょういん》の婿になるという縁組が行われた。『寛政重修諸家譜《かんせいちょうしゅうしょかふ》』などによると、恒興の三男・長吉《ながよし》も、秀吉の養子となっていた時期があるという。

小瀬甫庵《おぜほあん》の『太閤記《たいこうき》』には、十三日の山崎の戦いでは五千人を率いた恒興が羽柴方の右翼を受け持ち、勝利に貢献したと記されている。兵力は五千人はいなかったものと推測されるが、以後も恒興は信孝らと共に上洛した後、恐らくは伊丹城にあって残党の討伐などに従事していたものと推測される。

「清洲会議」で羽柴秀吉を支持
同月二十七日、清洲《きよす》城で本能寺の変後の戦後処理を討議する「清洲会議」

が開催された。「清洲会議」への参加を許されたのは織田氏の宿老《しゅくろう》である柴田勝家《かついえ》、長秀、秀吉の三人と、宿老ではないが信長の乳兄弟である恒興の四人である。

なお、関東で後北条《ごほうじょう》氏と戦っていた滝川一益《かずます》は「清洲会議」に参加出来なかったが、恒興が従兄《いとこ》・一益の代わりに参加を許されたという見方も出来よう。「清洲会議」の当日、長秀と恒興が共に秀吉に味方したことが幸いし、秀吉の思い描くように議事は進行した。

結局、三法師《さんぼうし》（秀信《ひでのぶ》／信長の嫡孫《ちゃくそん》）が信長の後継者に決まり、恒興を加えた四人の宿老がこれを支えるという体制が発足する。領地の面では織田信雄《のぶかつ》（信長の次男）、信孝、四人の宿老がそれぞれ加増を受けたが、このうち、恒興は摂津《せっつ》の三郡を加増された。甫庵の『太閤記』には、恒興の領地は大坂城、伊丹城、尼崎（大物）城を含む十二万石になったと記されている。石高はともかく、恒興が加増を機に伊丹城から大坂城へ居城を移し、伊丹城に元助、尼崎城に輝政という布陣になったのはこの時であろう。

しかし、秀吉は権力の誇示を目指し、羽柴於次丸秀勝《おつぎまるひでかつ》（信長の子、秀吉の養子）を喪主として大徳寺《だいとくじ》（京都市北区）で大規模な信長の葬儀を挙行した。

また、十月二十八日には勝家を除く秀吉、長秀、恒興の三人の宿老が京都・本圀寺《ほんこくじ》（同下京区／当時）で「本圀寺会議」を開催し、三法師や信孝を失脚させるべく、

「信雄を織田氏の当主に据える」

という決定をしたりもした。以上の決定などが秀吉と、勝家、信孝との対立を激化させ、これが同十一年四月の賤《しず》ケ嶽《たけ》の戦いの遠因となる。

その賤ケ嶽の戦いに恒興は出陣しなかったが、緒戦の大岩山砦《おおいわやまとりで》の戦いで中川清秀《きよひで》（輝政の正室・絲姫《いとひめ》の父）が討死するという出来事もあった。

それでも、賤ケ嶽の戦いに続き、越前北ノ庄城《えちぜんきたしょう》（福井市）攻防戦でも秀吉が勝利し、勝家・お市の方夫妻は自刃、信孝は失脚（のち自刃）している。

大垣城主として美濃西部を領有

賤ケ嶽の戦い、越前北ノ庄城攻防戦の戦勝後、秀吉は恒興に美濃《みの》（岐阜県南部）にあった信孝の旧領《きゅうりょう》を与えた。これに伴い、恒興は美濃大垣《おおがき》城（岐阜県大垣市）を居城とし、同岐阜城（岐阜市）に元助、同池尻城（大垣市）に輝政という布陣を敷く。摂津の二郡は引き続き領有するが、大垣城主としての恒興の石高《こくだか》は十三万石とされることが多い。

しかし、大垣城主となってまもなく、美濃清水城（岐阜県揖斐川《いびがわ》町）主の稲葉一鉄《いってつ》との間で、領地の境界線をめぐって一悶着《ひともんちゃく》起こった。当時、恒興と一鉄との領地は相当錯綜《さくそう》していたらしい。八月には娘婿の森長可《ながよし》（蘭丸《らんまる》、忠政《ただまさ》の兄）が加勢した池田方が稲葉方を攻め、逆に稲葉方が池田方の城に攻め寄せるといった出来事もあった。幸いにも、この時は秀吉の裁許を仰いだ上で、十一月に池田方から伊木《いぎ》忠次《ただつぐ》、片桐俊元《としもと》（半右衛門《はんえもん》）の二人が、稲葉方からも二人が出て協議し、双方はどうにか和解に漕《こ》ぎ着けている。

なお、本能寺の変直後、家督を元助に譲っていたことと関係があるのかもしれないが、この時期の池田氏の領地支配関係の文書は、岐阜城主となった元助が発したものが多い。

すなわち、元助は同十一年六月に加納楽市場《かのうらくいちば》（岐阜市）に楽市、楽座《らくざ》に関する制札《せいさつ》を、同じ六月から七月には寺院に禁制《きんせい》を発している。九月には崇福寺《そうふくじ》（同市）へ百二十二貫《かん》余の寺領《じりょう》を寄進し、本能寺の変で自刃した信長・信忠父子の追善《ついぜん》を依頼した。

これに対して、池尻城は大垣城の北北西約三キロの場所に位置するが、この時期の池尻城主としての輝政の動向は詳らかではない。それでも、同十二年の小牧《こまき》・長久手《ながくて》の戦いの際、上方《かみがた》にいた秀吉は池尻城を経由して恒興が攻略したばかりの犬山城へ入っている。

したがって、この時期の池尻城と城主・輝政率いる軍勢は、羽柴方の重要な軍事拠点、戦力として機能していたとみなしても大過はないであろう。

秀吉、家康の対立と池田父子

天正十一年四月の賤ケ嶽の戦いの前後、秀吉は一時的に信雄と同盟したことがある。しかし、信雄を蹴落《けお》としたい秀吉は恒興ら池田父子を摂津から美濃へ移し、居城と定めた大坂城の大修築に取りかかった。次いで、秀吉は幽閉していた信孝を自刃に追い込むが、この頃から信雄は秀吉に敵愾心《てきがいしん》を抱《いだ》くようになったらしい。この時、秀吉は信雄の軍団・家臣団を骨抜きにするべく、秘かに三重臣（津川義冬《つがわよしふゆ》、岡田重孝《しげたか》、浅井長時《ながとき》）と誼《よしみ》を通じようとした。

しかし、奸計《かんけい》を知った信雄は機先を制して同十二年三月六日に三重臣を斬り、対決姿勢を鮮明にする。また、信雄は直後から実力者の徳川家康に救援を求めたが、家康は「秀吉を叩《たた》く絶好の機会」と考えたのだろう。すぐさま信雄に味方することを表明し、十三日には早くも軍勢を率いて信雄のかつての居城・清洲城へ入った。

同じ頃、上方《かみがた》にいた秀吉は恒興や、恒興の娘婿で美濃金山城《かねやま》（岐阜県可児《かに》市）主の森長可を味方に引き入れるべく、側近を使者として恒興らのもとへ派遣し、説得工作をさせている。この時、恒興の重臣の大部分は信雄が信長の次男であることなどを理由に、織田・徳川方へ味方すべきと主張した。

けれども、『池田家履歴略記』や小瀬甫庵の『太閤記』によると、伊木忠次《いぎただつぐ》のみは「今の秀吉には勢いがあり、天下の執権《しっけん》（実権）を得るのは間違いない」と前置きした上で、

「願《ねがわく》は秀吉に与《くみ》し、先祖をも目出《めでたく》祭《まつ》り、旧功《きゅうこう》の者をも執立《とりたて》、その労をも報じ給《たま》ひなば」

などと続け、羽柴方に味方すべきと力説する。以上のような重臣らの主張に接した恒興は、そのうちの忠次の言をもっともと考えたらしく、最終的に羽柴方に身を投じることを決意した。

また、娘婿の長可、関成政《なりまさ》（長可の姉婿）らも恒興に追従している。

無論、息子の輝政・長吉兄弟が秀吉の養子だったこと、三好信吉《のぶよし》（豊臣秀次《ひでつぐ》／秀吉の甥《おい》）が恒興の娘婿になったことも、恒興が羽柴方に味方した理由

の一つかもしれない。

当然、秀吉からは味方する場合の恩賞として、領地の加増が提示されていたのだろう。一説に、恒興には美濃に加えて尾張、三河《みかわ》（愛知県東部）の加増が提示されていたという。

「小牧・長久手の戦い」の開戦

以上のようにして陣容を整えた羽柴方と織田・徳川方とは、同月十二日の伊勢《いせ》亀山城（三重県亀山市）で初めて激突した。以後、数ケ月にわたって繰り広げられた一連の合戦は、織田・徳川方が尾張小牧山《こまきやま》（愛知県小牧市）に本陣を構えたこと、四月九日に同長久手《ながくて》（同長久手市）で決戦が行われたことから、小牧・長久手の戦いと呼ばれている。このうち、小牧山はかつて信長の居城があった濃尾《のうび》屈指の要地である。なお、小牧山の周囲に池田という地名があり、その場所では恒興の屋敷跡と思われる痕跡がみつかっている。

同月十四日、羽柴方の恒興、長可らは突如として木曽川《きそがわ》を渡河《とか》し、織田・徳川方の犬山城を攻略した。同城はかつて恒興の居城だったから、攻略は「赤子《あかご》の手を捻《ひね》る」ようなものだったのかもしれない。織田・徳川方は油断を大いに悔《く》やんだことであろうが、油断は羽柴方にもあった。

すなわち、緒戦の勝利に気を良くした長可は、味方との連携のないまま羽《は》黒《ぐろ》（犬山市）まで兵を進めていたのである。これを知った織田・徳川方の酒井忠次《ただつぐ》らが奇襲を敢行《かんこう》したため、長可ら森隊は大敗を喫した。もっとも、伊勢では羽柴方が優勢で、信雄のかつての居城・伊勢松ケ島城（三重県松阪市）が羽柴方の手に落ちている。

以上のように戦況は一進一退が続いたが、秀吉は池尻城、犬山城を経て二十七日に楽田《がくでん》（犬山市）へ本陣を構え、楽田の周辺に城砦《じょうさい》を構築した。本陣の場所は正確には不明だが、同地にあった楽田城はわが国最初の天守閣が構築された城と喧伝《けんでん》されている。

一方、織田・徳川方も、家康自身が本陣を小牧山へ構え、本陣の周辺の外山、蟹清水《かにしみず》、宇田津《うたづ》（以上、小牧市）に城砦を構築している。次いで、二十九日には信雄も居城の伊勢長島城（三重県桑名《くわな》市）から小牧山へ移り、警戒態勢を強化させるなどした。

また、右で触れた以外にも、羽柴方の前田利家《としいえ》、上杉景勝《かげかつ》（謙信《けんしん》の甥、養子）、木曾義昌《きそよしまさ》と、織田・徳川方の佐々成政《さっさなりまさ》、保科正直《ほしなまさなお》、小笠原貞慶《じょうけい》らが北陸や信濃《しなの》（長野県）で干戈《かんか》を交えている。さらに、羽柴方の和泉《いずみ》岸和田城（大阪府岸和田市）が襲撃を受けるが、これは家康の要請に応じた紀伊雑賀《きいさいか》（和歌山市）の地侍《じざむらい》の仕業《しわざ》だった。

けれども、家康、信雄が小牧山へ、秀吉が楽田へ本陣を置いて以降は双方が相手の出方を窺《うかが》ったことが原因で、尾張方面では「不気味な睨《にら》み合い」が続く。

尾張岩崎城の攻略に固執

先に羽黒で大敗を喫した長可は、汚名を挽回したいと考えたのであろう。

岳父《がくふ》・恒興と語らい、「三河中入《なかい》り」作戦を建言した。「三河中入り」作戦とは大軍を率いて三河へ攻め入り、織田・徳川方に打撃を与えようというものだった。小瀬甫庵の『太閤記』などによると「三河中入り」作戦の立案者は恒興で、当初、秀吉はこの作戦には乗り気ではなかったという。それでも、恒興や長可が作戦決行を強く求めたため、やむなく秀吉も作戦を承認した。作戦に投入されたのは信吉（秀次）、恒興、長可、堀秀政《ひでまさ》、長谷川秀一《ひでかず》らの二万五千人で、名目上《めいもくじょう》の総大将には秀吉の甥である信吉が据えられた。

以下、恒興らのことを羽柴方の別働隊と呼ぶことにするが、四月六日夜半に犬山城を出撃した羽柴方の別働隊は、先頭を森隊と池田隊が進み、その後に総大将の三好隊、軍監《ぐんかん》(軍目付《いくさめつけ》)の堀隊などが続くという隊列だったという。

しかし、かかる大軍の移動が隠密裡《おんみつり》に行なえるはずもなく、八日までには別働隊の動きは織田・徳川方に察知された。他方、これを知った家康は同日夜には小牧山に少人数の軍勢を残し、自身は大部分の軍勢を率いて尾張小幡《おばた》城（名古屋市守山区）へ移っている。

そうとは知らない恒興らは、九日の早朝に織田・徳川方が籠もる同岩崎城(同日進市《にっしん》)の城下に差しかかった。当時、岩崎城主の丹羽氏次《うじつぐ》は出陣中で、城には弟の同氏重《うじしげ》、姉婿の加藤忠景《ただかげ》(景常《かげつね》)ら少数の将兵、領民しかいなかったという。しかし、病身の氏重は、

「ここで我らが池田隊を少しでも長く引きつければ、必ず味方が池田隊を包囲してくれる」

と考えて、無勢をもかえりみず池田隊に向けて鉄砲を射《い》かけた。これに対して、三河へ攻め入るのが目的の恒興は、城主不在の小城《こじろ》などは見逃す心づもりだったが、不意の銃撃を受けて「頭に血がのぼった」のだろう。戦略的にさして重要ではないにもかかわらず、伊木忠次、片桐俊元《としもと》らが率いる数千の軍勢に岩崎城攻めを命じた。城攻めは一時《いっとき》(二時間)程で終わり、城方は氏重、忠景ら城内の将兵、領民の大部分が討死、自刃を遂げたといい、池田隊だけでも二百もの敵首を得たとする軍記類もある。けれども、戦略的にさして重要ではない小城の攻略に固執したことが、文字通り恒興らの命取りとなった。

名将・恒興と嫡子、娘婿の最期

前後して岩崎城の危急《ききゅう》を知った家康は、池田隊、森隊と、三好隊、堀隊とが一里《り》(約四キロ)も離れて布陣している点に着眼し、別働隊の分断を決断する。ところが、その直後に三好隊、堀隊が行軍《こうぐん》を再開したために作戦を変更し、織田・徳川方は数千の兵で三好隊を包囲し、襲撃した。不意の襲撃を受けた三好隊は瞬時に総崩れとなり、信吉の重臣・木下利定《としさだ》らが討死する。この後、家康は眺望《ちょうぼう》に優れた付近の色金山《いろがねやま》に登り、指揮をとった。

その頃、恒興は首実検《くびじっけん》を行なっていたが、そこへ三好隊敗走の報がもたらされる。これを受けて恒興、それに長可はそれ以上の行軍を中止し、それぞれ仏《ほとけ》ケ根《ね》、岐阜嶽《ぎふだけ》(以上、長久手市)へ布陣した。

この時、長可が周囲を見渡すと、すでに敵方の将兵がすぐ近くにまで迫っている。それでも、長可は敵方の手薄と思われる箇所へ突撃を開始した。長可率いる森隊は凄《すさ》まじい勢いであったから、織田・徳川方は一時、かなりの距離退却する。しかし、これはわざと退却して油断させ、深入りしてきたところを叩く作戦であったかもしれない。事実、深入りした長可は井伊直政《なおまさ》率いる鉄砲隊にとって、絶好の標的となった。命令一下《いっか》、三百丁《ちょう》の銃撃が開始され、やがて馬上《ばじょう》の長可は突然のけぞり、声もあげぬまま落馬した。各地に伝えられている『長久手合戦図屏風《ずびょうぶ》』にこの場面が描かれているが、地面に伏しながらもやや顔をあげた状態の長可の眉間《みけん》には、弾痕《だんこん》を示す朱色の点が描かれているものもある。この直後、長可の討死を知った姉婿の成政は、敵陣に躍《おど》り込んで壮絶な討死を遂げたという。

同じ頃、恒興は防禦《ぼうぎょ》を強化しようとしたが、家康が馬標《うまじるし》を掲げて前進して来たため、池田隊では将兵の戦場離脱がはじまった。すぐさま、恒興は大音《だいおん》声《じょう》で戦場離脱を罵《ののし》ったが、そうこうするうちに恒興の身辺にも敵兵が出没するようになる。そこで、槍で敵兵を倒しながら馬を探したがみつからない。

やむなく、徒歩でその場を逃れようとしたが、そこへ家康の近習《きんじゅう》である長《おさ》田伝八郎《だでんぱちろう》（永井直勝《なおかつ》）と安藤直次《なおつぐ》とが現れた。なお、恒興は伝八郎に組み伏せられて首を取られた、直次に馬から引きずり降ろされた挙げ句に伝八郎に討たれたなどといったぐあいに、この後の恒興の最期に関しては諸説があって判然としない。

また、元助は窮地を救うべく父の陣へやって来たところを、直次に討たれたという。恒興は四十九歳、元助は二十六歳だった。『長久手合戦図屏風』には首のない恒興の遺骸、近くに転がる甲《かぶと》（兜）が描かれている。また、伝八郎が黒い袋状のものを抱えている姿も描かれているが、その袋状のものは恒興から分捕《ぶんど》った黒母衣《くろほろ》で、それには恒興の首がくるまれていたはずである。

恒興・元助父子の墓碑と供養塔

現在、長久手古戦場には勝入塚、庄九郎《しょうくろう》塚、武蔵《むさし》塚と呼ばれるものがあり、それぞれ恒興、元助、長可の遺骸を埋葬した塚と取り沙汰されてきた。このうち、恒興の遺骸は妙心寺《みょうしんじ》（京都市右京区）の塔頭《たっちゅう》・慈雲院《じうんいん》へ埋葬されたというが、異説もある。

伝えられるところによると、恒興の首は一旦、遠江新居《とおとうみあらい》（静岡県湖西市《こさい》）に埋葬されたが、慈雲院へ改葬されたという。のちに、新居の埋葬地の跡には池田神社が建立された。

また、岐阜県揖斐《いび》郡池田町の龍徳寺《りゅうとくじ》には恒興、元助の墓碑があり、同加茂《かも》郡富加《とみか》町の龄峯寺《れいほうじ》にも恒興、元助のものという墓碑がある。さらに、討死後に恒興らの葬儀が行われたという富加町の龍福寺《りょうふくじ》には、遺品が所蔵されている。江戸時代には岡山藩主・池田氏、鳥取藩主・池田氏が参勤交代で東海道、中山道《なかせんどう》を通行するたびに、寺院の住職、あるいはゆかりの地の村役人などが両池田氏の宿泊先を訪れるのが常だったとされる。住職らは池田氏と自らの寺院との関わりを述べたうえで、両藩主に参拝などを求めた。

一方、両藩主や、分家の鳥取西館新田《にしやかたしんでん》藩主・池田定常《さだつね》（松平冠山《かんざん》）らは藩士や学者を派遣して池田氏のルーツや墓碑の所在地を調査させている。

このうち、定常の『池田氏家譜集成』や『思ひ出草』などによると、定常が越前今立郡池田郷《えちぜんいまだてごう》（福井県池田町）と池田氏との関係の解明に腐心していたことも窺える。

ともあれ、両藩主の長年にわたる調査の結果、龍徳寺の近く（養源院《ようげんいん》跡）で恒興の父である池田恒利《つねとし》の墓碑がみつかったのは慶事というべきであろう。以上の寺院や墓碑などとは別に、両池田氏は紀伊高野山《きいこうやさん》（和歌山県高野町）の奥の院に恒興やその母・養徳院《ようとくいん》の供養塔《くようとう》を建立している。さらに、池田氏の筆頭家老・伊木忠次やその子孫は居城だった播磨《はりま》三木城（兵庫県三木市）下へ正入寺《しょうにゅうじ》、因幡《いなば》倉吉城（鳥取県倉吉市）下へ勝入寺《しょうにゅうじ》を建立し、供養塔も建立して勝入斎こと恒興の冥福《めいふく》を祈り続けた。

恒興の妻妾《さいしょう》と男子、女子（1）

恒興の正室は善応院《ぜんおういん》（荒尾善次《よしつぐ》の娘）で、恒興に嫁《とつ》ぐ以前は織田安房守《あわのかみ》

（秀俊《ひでとし》／信長の異母兄弟）の正室だった。安房守は『信長公記』の首巻《しゅかん》には、

「（信長の異母兄・信広《のぶひろ》の）其《その》弟に安房守殿と申候《もうしそうろう》て、利口なる人あり」

と記されている。しかし、『織田系図』などでは諱《いみな》（実名）が信時《のぶとき》となっている安房守は、側近を依怙贔屓《えこひいき》したことが原因で弘治《こうじ》二年に重臣の謀叛《むほん》に遭遇《そうぐう》し、追い詰められて自刃して果てた。安房守の自刃後、恐らくは信長の勧めで恒興と善応院とは結婚したものと推測される。天正十二年、長久手の戦いで後夫《こうふ》の恒興らが討死した後は、善応院は表舞台に出ることのないまま慶長《けいちょう》九年（一六〇四）六月二十九日（異説あり）に病没した。なお、同十四年に輝政・良正院《りょうしょういん》夫妻を呪詛《じゅそ》する内容の怪文書がみつかるが、それには、

「三左衛門《さんざえもん》母（＝善応院）は狐《きつね》に取《と》り憑《つ》かれて絶命した」

などという真偽不明の記述がある。ところで、「まえがき」で触れたが、恒興が織田勘十郎《かんじゅうろう》（信長の弟）を成敗した後、未亡人である善応院を娶《めと》ったとする説は誤りである。

やはり、『寛政重修諸家譜《かんせいちょうしゅうしょかふ》』などによると、恒興には善応院との間に息

子四人（元助、輝政、長吉《ながよし》、長政《ながまさ》）が、側室との間に女子四人がいた。元助については「名将・恒興と嫡子、娘婿の最期」の箇所で触れた。輝政についでは次章以降で踏み込んで触れるが、三男・長吉、四男・長政は秀吉に仕え、それぞれ一万石を与えられていたという。

慶長五年の関ケ原の戦いの直前、長吉と長政は岐阜城攻防戦などで徳川方に属した兄・輝政と共に奮戦した。軍功により長吉は六万石の鳥取藩主、長政は一万五千石の播磨赤穂《はりまあこう》藩（兵庫県赤穂市）主に抜擢《ばってき》されるが、長政が豊臣方として行動していた、対外的には大名ではなかったという説もある。

長吉の系統は池田光政《みつまさ》（輝政の孫）が鳥取藩主となった時に備中松山藩（高梁市）主へ転じた。子孫は跡継ぎの欠如によりお取り潰しとなり、備中井原（井原市）などを知行する旗本数家として存続する。幕末期に江戸幕府の外国奉《ぶ》行《ぎょう》として活躍した池田長発《ながおき》（筑後守《ちくごのかみ》）は長吉の子孫である。

また、長政は輝政の重臣となり、子孫は岡山藩の重臣・建部《たけべ》池田氏（片桐池田氏）として存続した。

恒興の妻妾と男子、女子（2）

『寛政重修諸家譜』は恒興の子女の一番最初に養女として、信時こと安房守の娘を記している。養女の通称は七条《しちじょう》で、はじめ織田一族の飯尾敏成《いいのおとしなり》に嫁ぐが敏成が天正十年の本能寺の変の際に二条御所《ごしょ》で討死したため、本願寺の坊《ぼう》官《かん》・下間頼龍《しもつまらいりゅう》と再婚した。異父弟の輝政は頼龍・七条夫妻の嫡子である下間頼広《よりひろ》を可愛がり、池田姓を許して池田重利《しげとし》と名乗らせた。さらに、輝政が江戸幕府に推挙したので、重利は異例にも一万石の播磨新宮《しんぐう》藩（兵庫県たつの市）主に栄進する。しかし、子孫は跡継ぎの欠如のためにお取り潰しとなった。

また、四人の娘のうち、長女・安養院《あんよういん》は森長可《ながよし》、次女・致祥院《ちしょういん》は豊臣秀《ひで》次《つぐ》、三女・天球院《てんきゅういん》は山崎家盛《いえもり》、四女・慶雲院《けいうんいん》は浅野幸長《よしなが》の正室となっている。

このうち、長可は恒興、元助と共に長久手の戦いで討死した。討死する日の朝、長可が記した遺言状には、自分に万一のことがあったならば「一、おんな共《ども》ハいそき大かき（＝恒興の居城・大垣城）へ御越候《おこしそうろう》へく候」

と記されている。のちに、安養院は伯耆《ほうき》米子《よなご》藩（鳥取県米子市）主・中村一氏《かずうじ》と再婚し、嫡子・同一忠《かずただ》を産む。なお、恒興の娘・せんが女性だけの鉄砲隊を組織していた、せんが鉄砲隊を率いて慶長五年の岐阜城攻防戦に参加した、せんが秀吉から一万石の知行《ちぎょう》を与えられていた、などとする説があるが、せんと安養院とを同一人物とみなす説もある。

次女の致祥院は二人いた秀次の正室のうち、若かったことから若政所《わかまんどころ》と周囲から呼ばれた。文禄《ぶんろく》四年（一五九五）の豊臣秀次事件の際、他の妻妾、子女はことごとく斬られたが、致祥院は秀吉の盟友《めいゆう》の遺児《いじ》ということで連坐《れんざ》を免れ、兄・輝政のもとへ帰っている。

三女の天球院は相当気性《きしょう》が激しい女性だったらしい。天球院が、三河吉田城（愛知県豊橋市）内に現れた化《ば》け猫《ねこ》を斬った、刀剣を振り回す乱心者を黙らせた、などという逸話も残っている。真偽はともかく、天球院は慶長五年の関ケ原の戦いの際に豊臣方の人質となるよう家盛に求められたが、これを拒んで婚家《こんか》を去り、兄・輝政のもとへ帰った。のちに、もう一人の兄・長吉のもとへ身を寄せ、晩年は鳥取城の天球丸《てんきゅうまる》に住んでいる。

四女の慶雲院は幸長との間に娘の高原院《こうげんいん》（尾張《おわり》藩主・徳川義直《よしなお》の正室）をもうけているが、幸長は三十八歳で病没した。

他に、恒興には織田信房《のぶふさ》（御坊丸《ごぼうまる》／信長の五男）の正室となった娘がいたというが、この娘は右で紹介した四人の娘のうちの誰かの前身、もしくは七条とは別の養女なのかもしれない。

第三章　西国の将軍　池田輝政（上）

——前半生の戦功と領地経営

木田城跡（愛知県東海市）の遠景

長久手古戦場の石碑（愛知県長久手市・古戦場公園）

豊臣秀次の銅像（滋賀県近江八幡市・八幡公園）

関の総鎮守・春日神社太鼓堂（岐阜県関市）

池田元助と池田輝政の花押の石碑（岐阜市・円徳寺）

楽市・楽座の石碑（岐阜市・円徳寺）

三河吉田城石垣

三河吉田城跡復興隅櫓（愛知県豊橋市）

美濃岐阜（稲葉山）城復興天守閣（岐阜市）

和泉岸和田城
復興天守閣
（大阪府岸和田市）
城主の中村一氏は紀伊征伐で活躍した後、輝政の妹・安養院を正室に迎えた

相模小田原城復興天守閣（神奈川県小田原市）

伊木忠繁の母、忠繁の墓碑、池田利隆の供養塔（左から／兵庫県三木市・正入寺）

尾張犬山城天守閣（愛知県犬山市）からみた伊木山（岐阜県各務原市）

輝政の生誕地をめぐる三つの説

のちに播磨姫路藩《はりまひめじ》（兵庫県姫路市）主となり、天下の名城・姫路城を築城することで知られる池田輝政《てるまさ》は永禄《えいろく》七年（一五六四）、同恒興《つねおき》と善応院《ぜんおういん》を父母としてこの世に生を受けた。系図類の中には、輝政が同年十二月二十九日に生まれたとしているものもある。生誕地は『寛永諸家系図伝《かんえいしょけけいずでん》』に「尾州《びしゅう》清須《きよす》の城にて生まれる」、『寛政重修諸家譜《かんせいちょうしゅうしょかふ》』などには「尾張《おわり》国清洲《きよす》に生《うまれ》る」と記されている。『寛永諸家系図伝』の記述は、恒興が城内に屋敷をもらっていたということなのか、それとも織田安房守《あわのかみ》（信長の異母兄弟）の未亡人である善応院が恒興の出陣時などに城内へ身を寄せていたということなのかは不明である。

なお、信長らによる弘治《こうじ》元年（一五五五）の清洲城攻めをテーマとした『清須合戦記』を読む限りでは、町家が城のすぐ側に迫っていたようである。あるいは、輝政が生まれた永禄七年までに城郭が拡張され、町家が家臣の屋敷に変わっていたのかもしれない。

輝政の生誕地に関しては尾張清洲説の他に、尾張荒尾郷《あらおごう》説、尾張木田城説などが取り沙汰されてきた。この尾張荒尾郷説と尾張木田城説とは、いずれも輝政の生誕地を母・善応院ゆかりの地とするものである。今日ではあまり話題とならないが、跡継ぎがいなかった叔父《おじ》・荒尾善久《よしひさ》（木田小太郎《こたろう》／善応院の弟）は生前、甥《おい》の輝政を養子に迎えるか、迎える約束をしていた。

その善久が元亀《げんき》三年（一五七二）の三方ケ原《みかたはら》の戦いで討死したために跡職《あとしき》（跡目）を譲られた輝政は、天正《てんしょう》元年（一五七三）にそれを信長によって安堵《あんど》されている。のちに、輝政は一時、荒尾郷の荒尾城、もしくは木田城（以上、愛知県東海市）へ移り住むが、荒尾氏の一族、家臣の間には輝政の跡職相続を快《こころよ》く思わない者たちもいた。これを知った恒興はそういった者たちをことごとく成敗したという（『池田家履歴略記』）。

したがって、尾張荒尾郷説、尾張木田城説は輝政の跡職相続を正当化するため、後世になって付会されたものなのかもしれない。ともあれ、尾張荒尾郷説では荒尾郷に荒尾氏の居館があり、輝政の生誕地をこことしている。また、尾張木田城説では木田小太郎こと善久の居城・木田城こそが、輝政の生誕地であると説《と》かれてきた。現在、残念なことに痕跡はわずかしか残っていないが、荒尾氏の居館は現在の宝国寺《ほうこくじ》付近、木田城は現在の天尾《てんお》神社、木田公民館付近にあったという。また、地元には、

「名城・姫路城を築城した池田輝政は、この地の生まれである」

とする伝承が残っており、さらに「輝政が豪傑の三好清海入道《みよしせいかいにゅうどう》を召し抱えた」とか、「木田城跡には黄金（埋蔵金）が眠っている」などとする伝承も残っている。

輝政の養子縁組と少年時代の逸話

恒興・善応院夫妻の次男として生まれた輝政は、幼名を古新《こしん》、通称を三左《さんざ》衛門《えもん》といい、のちに侍従《じじゅう》、右近衛少将《うこんえのしょうしょう》、参議《さんぎ》などの官職、正三位《しょうさんみ》の官位に

補任《ぶにん》、叙任《じょにん》されている。なお、諱《いみな》（実名）は長く照政を用いたが、最晩年に表記を輝政に変えている。

前項で触れた通り、次男である輝政は少年時代、男子のいなかった叔父（母の弟）・荒尾善久の養子となるか、なる予定だったとされている。善久が元亀三年の三方ケ原の戦いで討死した後、善久の跡職を相続したのはそういった理由からであった。

ちなみに、岡山藩士・湯浅常山《じょうざん》の『常山紀談《きだん》』などによると、長久手の戦いで敵陣へ躍《おど》り込もうとした輝政を止めた番景元《ばんかげもと》（藤左衛門《とうざえもん》）は荒尾氏の旧臣《きゅうしん》であるという。

少なくとも家督を相続する前後の輝政の周囲には、荒尾氏ゆかりの武士がいたことが窺《うかが》える。

また、のちに輝政はやはり男子のいなかった秀吉の養子になった。同十年の大徳寺《だいとくじ》（京都市北区）での織田信長の葬儀の際には、羽柴於次丸秀勝《はしばおつぎまるひでかつ》（信長の子、秀吉の養子）と共に柩《ひつぎ》を担《かつ》いでおり、この当時は秀吉の養子の中でも有力な存在だったのかもしれない。

そんな輝政が古新と名乗っていた十歳前後の逸話として、『備前老人物語』に次のような焼き栗《やぐり》をめぐるものが伝えられている。ある時、父の恒興が囲《い》炉裏《ろり》で栗を焼いて食べていたが、側に座っていた古新を「試してやろう」と思ったのだろう。「栗が欲しい」という古新に恒興は、囲炉裏から火箸《ひばし》で焼き栗をつまみ上げ、それを眼前に差し出した。

少し説明をすると、囲炉裏や焚き火《たび》などで焼かれた栗は非常に熱く、通常は素手で持てない。そのことを知っている子供は素手で持つのを嫌がり、その点を知らずに手に持った子供はあまりの熱さに大慌《おおあわ》てするのが普通である。

ところが、古新は父が差し出した焼き栗を素手で受け取り、押《お》し戴《いただ》いた上で、「何気ない体《てい》」で食べたという。おそらく、相当熱かったに違いないが、古新はこの程度のことで熱がり、大騒ぎするのは「武将の子として恥だ」と考えて「何気ない体」を装《よそお》ったのに違いない。恒興は「何気ない体」で焼き栗を食べる古新をみて、内心大いに喜んだとされている。この逸話は幕末維新期に記された岡谷繁実《おかのやしげざね》の『名将言行録』などにも収録されているので、江戸時代には広く一般に知れ渡っていたとみても良いであろう。

摂津花隈城攻防戦で活躍

家督相続前の輝政の活躍の中で特筆すべきなのは、天正八年閏《うるう》三月に本格化した摂津花隈城《せっつはなくま》（神戸市中央区）の攻防戦での軍功であろう。これより先、同七年十月に同有岡城《ありおか》が陥落《かんらく》したが、荒木方では同尼崎（大物《だいもつ》）城（兵庫県尼崎市）、荒木元清《もときよ》の花隈城などが抗戦を続けた。この攻防戦のことは太田牛一《おおたぎゅういち》の『信長公記』や『池田家履歴略記』、あるいは『常山紀談』に関連した記述がある。

それらによると、池田隊は北の諏訪《すわ》ケ嶺《みね》に恒興、西の金剛寺山《こんごうじやま》に重臣の伊《い》木忠次《ぎただつぐ》、森寺忠勝《ただかつ》、南の生田《いくた》の森に嫡子の元助《もとすけ》という布陣で城を包囲したというが、布陣には諸説がある。合戦は閏三月二日（一説に三日）、出撃した荒木方を池田隊が迎え撃つかたちではじまり、元助、輝政兄弟は組み討ちで敵方の首を得ている。『信長公記』巻十三にはその模様が、

「池田勝九郎《しょうくろう》、池田幸新兄弟、年齢十五、六、御若年《ごじゃくねん》にて無躰《むたい》に懸込《かけこみ》、火花を散らし一戦に及ばれ、父池田勝三郎是又懸付《しょうざぶろうこれまたかけつ》け、鑓下《やりした》にて究竟《くっきょう》の者五、六人討捕《うちと》り、兄弟高名比類《こうみょうひるい》なき働きなり」

と記されている。以上のうち、勝九郎は元助、勝三郎は恒興を、幸新は古新こと輝政を指す。『池田家履歴略記』には戦勝後に恒興が信長から賜ったと称する感状《かんじょう》も収録されている。感状の全文が事実を記しているとは思えないが、輝政が、

「敵陣に入り大いに武勇を振ひ」

というあたりは事実を伝えているように思われる。いずれにしても、花隈城攻防戦は輝政の前半生を飾る名場面であった。

のちに、姫路藩主となった輝政は、『信長公記』に自身が奮戦したことが記されていることを知り、人を介して牛一を招き、自筆本（『原本信長記』）

を献上させている。

無論、一連の花隈城攻防戦での重臣らの活躍にも、見事なものがあった。一例をあげると、忠勝は恒興の命で城内へ忍び込んで敵情をつぶさに探り、七月の総攻撃では搦手《からめて》を受け持って勝利に貢献したという（『常山紀談』）。

長久手で辛くも討死を免れる

当時、合戦の前には、重臣や味方の武将の子女を人質として徴収するのが常だった。本来、輝政は天正十二年の小牧《こまき》・長久手《ながくて》の戦いの前に、秀吉のもとへ人質として送られる手筈になっていたという。

しかし、恒興の重臣・伊木忠次が、

「主君・勝入《しょうにゅう》（恒興）に二心《ふたごころ》がないことは某《それがし》（＝忠次）が良く存じております」

と秀吉に訴え、忠次が「輝政を預かる」という名目で人質となることを免れている。

そして、四月九日の長久手の戦いの際は、父・恒興の布陣した仏ケ根《ほとけね》からやや離れた場所に、兄の元助と共に陣を敷く。次いで、敵方の攻撃がはじまると、当初は先陣で井伊直政《なおまさ》の兵と槍を交えていたという。やがて、長可、次いで恒興・元助父子が相次いで討死したため、輝政は織田・徳川方の大軍へ躍り込んで一矢《いっし》報いようとした。しかし、側近の番景元に制止されて突入を思い留まり、その後に戦場離脱に成功している。この時、輝政が手に傷を負っていたことが判明している。以上とは別に、家臣の一人が機転を効かせ、「大殿様《おおとのさま》（＝恒興）、若殿様《わかとのさま》（＝元助）は無事に戦場を離脱されました」と告げたので、輝政はそれを信じて大垣《おおがき》城へ戻ったとする説もあるという。いずれにしても、織田・徳川方による残党狩りがはじまりつつあったので、輝政がそのまま戦場に長居をしていたら父や兄と同じ運命をたどっていたに違いない。

他方、長久手の戦いの際の恒興の四男・長政《ながまさ》の動向は詳しくは伝えられていないが、若年の長政は実際には従軍していなかった可能性が高い。これに対して、当時、十五歳の三男・長吉《ながよし》は長久手で負傷したことが系図類に記されている。また、秀吉が恒興の母・養徳院《ようとくいん》に送った消息（書状）でも、三左衛門（輝政）と共に藤三郎《とうざぶろう》（長吉）を取り立てる方針であると明言している。長吉の正室、それに継室《けいしつ》は忠次の娘であったから、忠次が、「（自分ではなく）藤三郎殿を大名に取り立て頂きたい」と秀吉に嘆願した可能性もある（次々項参照）。翌年（同十三年）、秀吉は養徳院に送った消息のことを忘れず、長吉に一万石を与えて大名に取り立てた。

秀吉の大御乳様＝養徳院への消息

四月九日に恒興・元助父子が討死したのを受けて、秀吉は十一日などに恒興の母・養徳院に消息（書状）を送っている。その原本と思われるものが『池田家文書』に所蔵されており、『池田家履歴略記』などにも収録されている。

消息は、

「こんどせい入おやこのぎ、中々申ばかりも御《ご》ざなく候《そうろう》。そなたさま御《お》ちからおとし御《ご》しうたんすいりょう申候《もうしそうろう》」

という書き出しではじまるが、「せい入おやこ」は勝入父子（恒興、元助）、「御しうたんすいりょう」は御愁嘆《ごしゅうたん》、推量のことである。

この消息で秀吉は、信長の乳母《うば》だった大御乳様《おおおちさま》＝養徳院に礼を尽くしつつ、恒興・元助父子の軍功を称《たた》え、父子が討死したことに対する悔《く》やみの言葉を述べた後、恒興の遺児である輝政・長吉兄弟を取り立てることを約束している。

留意すべきは、秀吉が「こゝもとひまをあけ御《お》みまいにまいり（＝自分に時間が出来たら弔問に窺《うかが》いたい）」と記すと共に、とりあえず忠次を養徳院のもとへ遣《つか》わすとしている点であろう。一時は池田氏のお取り潰しを公言する秀吉だが、十一日の段階では池田氏の存続、輝政による家督相続の方針を決めていたことが窺える。

また、秀吉が忠次を養徳院のもとへ遣わすとしている点からすると、秀吉による池田氏の存続、輝政による家督相続の方針は忠次の粘り強い交渉の賜《たま》物《もの》とみても大過はないであろう（以上、次項参照）。なお、同年八月、養徳院に送った折紙《おりがみ》で秀吉は、堪忍分《かんにんぶん》（扶養手当）として美濃深瀬、高富《たかとみ》（以上、岐阜県山県市《やまがたし》）に八百貫《かん》を安堵《あんど》した。

輝政の家督相続と伊木忠次

長久手の戦いで恒興・元助父子が討死した後、次男・輝政が池田氏の家督を相続することになるのだが、すんなり家督相続できたわけではない。この当時、秀吉は長久手での大敗の責任を討死した恒興・元助父子に負わせようと考えていた節がある。事実、秀吉は恒興・元助父子に重大な落ち度があったと主張し、「池田氏を取り潰しにする！」とまで公言した。その一方で秀吉は、「重臣の伊木忠次を六万石の大名に取り立てる」とも口にしている。一説に、忠次には信濃高島城《しなのたかとお》（長野県諏訪市《すわ》）主への抜擢《ばってき》が打診されていたという。

しかし、忠次としては、主君である恒興・元助父子には重大な落ち度はないし、父子を救えなかった自分が大名になることなどは断じてできない。そこで、秀吉に粘り強く嘆願を繰り返し、最終的に池田氏の存続と、輝政の家督相続とを秀吉に認めさせた。当時の忠次の眼中には自身の栄達などはなく、あるのは主家《しゅか》・池田氏の存続だけだったのだろう。一方、忠次の嘆願を容《い》れた秀吉は、輝政を二十八日に楽田《がくでん》の本陣に呼んで家督相続を認めると同時に、若い輝政を良く補佐するように忠次をはじめとする重臣に厳命した。

なお、第二章の「名将・恒興と嫡子、娘婿の討死」で触れたとおり、恒興・元助父子と同様、森氏では森長可《ながよし》、関氏では関成政《なりまさ》が長久手で討死する。このうち、森氏に関して秀吉は、森忠政《ただまさ》（長可、蘭丸《らんまる》の弟）の家督相続を認め、重臣の林通安《みちやす》（忠政の外祖父）、同為忠《ためただ》（忠政の伯父《おじ》）、各務元正《もとまさ》（兵庫）に十三歳と若い忠政の補佐を命じた。

一方、成政の討死に伴い、関氏は忠政の家臣となる。のちに、関長政（忠政の外孫）が領地の分与を受けて美作宮川藩（津山市）主となり、この系統は備中新見藩（新見市）主として存続した。

また、忠次は右のような交渉と併行して、三好信吉《のぶよし》（豊臣秀次《ひでつぐ》）の汚名挽回、美濃墨俣城《すのまた》（岐阜県大垣市）の防禦《ぼうぎょ》強化にも取り組んでいる。このうち、秀吉の甥である信吉は小牧・長久手の戦いの前、恒興の次女・致祥院《ちしょういん》の婿となっていた。やはり、「名将・恒興と嫡子、娘婿の討死」の項で触れたとおり、信吉は総大将として臨んだ長久手の戦いの序盤、敗走して羽柴方大敗の一因をつくっている。しかし、忠次は恒興の娘婿となった信吉に汚名挽回の機会を与えるべく、自身の居城・墨俣城へ信吉を入れて防禦を強化させた。

なお、墨俣城については秀吉が永禄《えいろく》年間（一五五八〜六九）に短時間で築城したという「墨俣一夜城」伝説で有名である。ただし、秀吉が築城した城が重要な役割を果たしたか否かは疑問というほかはない。これに対して、忠次が防禦を強化した墨俣城が小牧・長久手の戦いの当時、羽柴方の軍事拠点として重要な役割を果たしたのは事実である。

ともあれ、信吉こと秀次は忠次に促《うなが》されて墨俣城の防禦に関与することで、どうにか汚名を挽回し、のちに一時的ながら秀吉の後継者、関白《かんぱく》にまで昇り詰めることができた。おそらく、長久手の敗戦後の忠次の配慮がなければ、その後の栄達はなかったろう。天正十九年に秀吉の後継者、関白となった際、秀次は衷心《ちゅうしん》から忠次に感謝したに違いない。

元助・輝政兄弟と楽市・楽座

室町時代、戦国時代には独占販売、非課税などの特権を有する座《ざ》（同業組合）が経済活動の実権を掌握《しょうあく》し、時として円滑な経済活動が阻害《そがい》されることすらあった。そこで新たに自由な経済市場をつくり、さらには座そのものを否定しようとする戦国大名も現れた。

この種の政策を楽市《らくいち》、楽座《らくざ》というが、戦国大名では六角《ろっかく》氏が天文《てんぶん》十八年（一五四九）に居城・近江《おうみ》観音寺《かんのんじ》城（滋賀県近江八幡《はちまん》市）の城下町である石寺へ楽市令を発している。

また、天下統一の途上だった信長は永禄十年（一五六七）に斎藤氏の居城・

美濃稲葉山城《いなばやま》（岐阜城／岐阜市）を攻略したが、同年十月に美濃楽市場《らくいちば》へ楽市、楽座の制札《せいさつ》を発している。制札で信長は、①楽市場に居住する者は借金などを免許（免除）する、②楽市場では押買《おしかい》、狼藉《ろうぜき》、喧嘩《けんか》、口論などを禁止する、③理不尽な市場への介入は禁止する、と規定している。その上で、「右の条々に違犯《いはい》（違反）する者は厳科《げんか》（厳罰）に処する」と書き添え、日付と信長の花押《かおう》（サイン）、署名が施《ほどこ》されているのである。信長は同十一年九月には加納《かのう》楽市場（岐阜市）へ、類似した内容の楽市、楽座の制札を発した。

その後、織田信忠《のぶただ》、次いで神戸信孝《かんべのぶたか》（以上、信長の子）が岐阜城主となるが、天正《てんしょう》十一年（一五八三）に信孝が失脚した後に元助が城主となる。さらに、同十二年四月の長久手の戦いで元助が討死した後、同十三年一月に秀吉によって輝政が岐阜城主に抜擢された。

しかし、実際には、輝政は兄の討死後に既に岐阜城や城下を掌握していたらしく、同十二年七月には加納楽市場に掟書《おきてがき》を発している。掟書の内容は、主君の信長が永禄十年、同十一年に、兄の元助が天正十一年六月に美濃楽市場、加納楽市場に発した制札の内容を踏襲するものであった。元助の領地経営については第二章の「大垣城主として美濃東部を領有」の項で触れたが、元助が討死した後の輝政の経済政策は多岐《たき》に及んでいる。

一例をあげると、同十四年十月に尾張葉栗郡円乗寺《おわりはぐりえんじょうじ》（円城寺／岐阜県笠松町）にあった専福寺《せんぷくじ》の市場を容認し、市を五日ごとに開催する六斎市《ろくさいいち》と定めた上で、債務不履行《ふりこう》の場合でも差し押さえを禁止する旨を明言した。同十八年九月、輝政は三河《みかわ》吉田城（愛知県豊橋市）に国替えとなるので、実質的に岐阜城下を支配したのは六年少々ということになる。

この間に輝政は岐阜城に天守閣、総構《そうがま》え、土居《どい》を構築する一方で、城下町・岐阜の発展に種々腐心した。以上のような輝政の経済政策が、岐阜発展の礎《いしずえ》を築いたといっても大過はないであろう。なお、信長の制札、元助・輝政兄弟の掟書などは円徳寺《えんとくじ》（岐阜市）に所蔵されている。名鉄《めいてつ》岐阜駅の近くにある同寺の境内には、制札、掟書に施された信長、輝政らの花押、署名が刻まれた石碑が建立されている。

なお、「刃物の産地」として有名な美濃関（岐阜県関市）付近は長久手の戦い当時は長可の領地で、重臣の各務元正が知行《ちぎょう》していたが、弟の森忠政が家督相続（前項参照）したのを機に輝政の領地となったものと考えられている。『長谷川文書』などによると、同十二年十二月一日、秀吉は山田八郎次郎《はちろうじろう》に書状を送り、八郎次郎が関を知行することを認めた。八郎次郎は輝政の家臣で、子孫は岡山藩士として存続している。

また、同十四年三月十四日には輝政の重臣・伊木忠次が関の小辻善次郎《おつじぜんじろう》に判物《はんもつ》を与え、諸役《しょやく》（税金、労役）を免除した（『同文書』）。この諸役免除は関の産業振興を狙っての政策と考えられる。

秀吉の天下統一事業に貢献

正式に岐阜城主に抜擢されたのは天正十三年一月だが、領地経営と併行して輝政は秀吉の天下統一事業にも貢献している。まず、同年三月に紀伊《きい》征伐、八月には越中《えっちゅう》征伐に従軍した。以上は同十二年の小牧・長久手の戦いで敵対した紀伊雑賀《さいか》（和歌山市）の地侍《じざむらい》、越中富山城（富山市）主・佐々成政《さっさなりまさ》を屈伏させるための戦いで、輝政は紀伊征伐では同太田城（和歌山市）の攻撃に加わっている。さらに、同十四年からの九州征伐、同十八年の小田原《おだわら》征伐、奥羽《おうう》征伐にも従軍した。

このうち、輝政は小田原征伐、奥羽征伐では森寺忠勝《ただかつ》、日置忠勝《へきただかつ》（猪右衛門《いえもん》）、土倉貞利《さだとし》（四郎兵衛《しろべえ》）らの将兵を率いて各地を転戦する（日置忠勝は遠征の途上で病没）。特に、奥羽征伐で輝政は、蒲生氏郷《がもううじさと》と共に豊臣方の先鋒《せんぽう》をつとめて各地の一揆《いっき》討伐で戦功をあげたが、戦勝後には秀吉の指示で奥羽の太閤検地《たいこうけんち》に関与したという。

この間、輝政は朝廷から従四位下《じゅしいのげ》の官位、侍従《じじゅう》の官職を与えられ、秀吉からは羽柴姓、次いで豊臣姓を与えられる。また、輝政は同十六年の後陽成《ごようぜい》天皇の聚落第《じゅらくだい》（京都市上京区）行幸《ぎょうこう》の際には騎馬で供奉《ぐぶ》し、周囲からは羽柴岐阜侍従などと呼ばれるようになった。

岐阜城主から三河吉田城主へ

小田原征伐、奥羽征伐が終結した天正十八年九月、秀吉は輝政を三河吉田城（愛知県豊橋市）主に抜擢した。領地は三河東部の渥美《あつみ》、宝飯《ほい》、八名《やな》、設楽《したら》の四郡で、石高《こくだか》は十五万二千石である。以上とは別に在京中の賄料《まかないりょう》も伊勢《いせ》（三重県中央部）に与えられた。

この時、輝政は清洲城主となった三好信吉こと豊臣秀次（秀吉の甥、養子）の与力《よりき》大名となったものとみなされている。これまでに何度か触れたように、輝政は秀吉の養子だった時期もあるし、秀次の正室・致祥院は恒興の次女、輝政の妹であった。以後、輝政は豊臣一族に準じる存在の大名として、秀吉から厚遇を受けることになる。

文禄《ぶんろく》元年（一五九二）からはじまった秀吉による第一次朝鮮出兵（文禄の役《えき》）では、輝政は東国《とうごく》の警固《けいご》を命じられて吉田城に留まり、渡海用の大船《たいせん》の建造、兵糧米《ひょうろうまい》の輸送などを滞《とどこお》りなく行なって秀吉に嘉賞《かしょう》された。また、秀吉の指示によりその居城・山城伏見城《やましろふしみ》（京都市伏見区）の築城などに参加している。

なお、弟・長吉は将兵四百人を率いて日本軍の拠点だった肥前名護屋城《ひぜんなごや》（佐賀県唐津市《からつ》）まで出陣し、筑前芦屋《ちくぜんあしや》（福岡県芦屋町）で日本軍の船奉行《ふなぶぎょう》をつとめたという。

伊木忠次ら輝政の重臣の顔ぶれ

岡山藩主・池田氏の重臣のうち、一万石以上の家には伊木《いぎ》、池田（天城池田）、池田（片桐池田、周匝《すさい》池田）、日置《へき》、池田（森寺、建部《たけべ》池田）、土倉の各氏がある。

伊木氏の旧姓は香川で、伊木忠次《ただつぐ》（清兵衛《せいべえ》）が信長の家臣から恒興の与力となった。伊木姓は忠次が犬山城の木曾川《きそがわ》を隔てた対岸にある美濃伊木山城（岐阜県各務原市《かかみがはら》）の攻略で手柄をあげたことから、信長の命にしたがって改姓したものであるという。岡山藩成立後は三万三千石の筆頭家老となった。

歴代のうち、忠次は恒興・輝政父子を再三諫言《かんげん》したことで、同忠繁《ただしげ》（忠次の嫡子）は姫路城の築城総奉行をつとめたことで有名である。

また、幕末維新期の同忠澄《ただずみ》（三猿斎《さんえんさい》）は藩主・池田茂政《もちまさ》を補佐する一方、長州《ちょうしゅう》征伐の中止を提言し、さらに児島湾干拓、茶道復興などといった不朽の足跡も残した。

池田（天城池田）氏は長久手で討死した元助の子孫で、岡山藩成立後は三万二千石を知行する。しかし、池田由之《よしゆき》（元助の嫡子《ちゃくし》）は池田光政《みつまさ》の幼少期、藩政運営に関与したことが原因で光政の側近に惨殺《ざんさつ》された。ちなみに、由之の孫・クマは播磨赤穂《はりまあこう》藩（兵庫県赤穂市）の重臣・大石良昭《よしあき》に嫁《とつ》ぎ、筆頭家老となる大石良雄《よしたか》（内蔵助《くらのすけ》）を産む。つまり、赤穂義士の良雄・主税《ちから》父子は恒興、元助らの優れたDNAを受け継いでいることになる。

池田（片桐池田、周匝池田）氏は池田長政《ながまさ》（恒興の四男）を祖とする。幼少期、長政は片桐俊元《としもと》（半右衛門《はんえもん》）の養子となって家督を継いだため、片桐池田氏ともいう。成人後の長政は一万石の大名を経て兄・輝政に仕えた。岡山藩成立後は二万二千石を知行する。

日置氏は日置真斎《しんさい》が恒興の家老となり、同忠勝《ただかつ》（猪右衛門《いえもん》／真斎の嫡子）は小牧・長久手の戦いなどに従軍した。岡山藩成立後は一万六千石を知行する。

池田（森寺、建部池田）氏は旧姓を森寺という。森寺秀勝《ひでかつ》は池田氏の重臣だが、養徳院《ようとくいん》の姉の夫で、恒興の育ての親でもあるという。また、恒興の従《いと》弟《こ》という森寺忠勝（政右衛門《せいえもん》）は初陣《ういじん》にも従い、逸話も数多く残る。のちに、池田長貞《ながさだ》、同長政（以上、同長吉《ながよし》の子）が忠勝の名跡《みようせき》を継いで池田姓を名乗った。岡山藩成立後は一万四千石を知行する。

土倉氏は土倉貞利（四郎兵衛）が信長の家臣から恒興の与力となり、合戦などの場で功績を残す。岡山藩成立後は一万石を知行する。

以上のうち、池田氏の各家は陣屋（御茶屋《おちやや》）の所在地である天城（倉敷市）、周匝（赤磐市）、建部（岡山市北区）の地名を冠し、それぞれ天城池田氏、周匝池田氏、建部池田氏と呼ばれることもあった。なお、伊木氏、日置氏、土倉氏の陣屋の所在地は、それぞれ虫明（瀬戸内市）、金川（岡山市北区）、佐伯（和気町）である。

他に、恒興の正室・善応院《ぜんおういん》の実家である荒尾氏も池田氏の重臣となったが、荒尾氏には鳥取藩成立後に家老を世襲した二家（荒尾但馬《たじま》、同志摩《しま》）があった。

第四章　西国の将軍池田輝政（下）

——姫路入封と輝政の家族

豊臣秀吉の銅像
（神戸市北区・有馬温泉）

徳川家康の銅像
（静岡市葵区・駿府城跡）

石田三成の銅像
（滋賀県長浜市・
石田会館）

長良川と金華山（岐阜市）
美濃岐阜（稲葉山）城は
金華山の山頂にあった

河田渡河戦の説明板
（岐阜県各務原市）

米野の戦い跡の石碑
（岐阜県笠松町）
河田の渡しで豊臣方を一蹴した池田輝政らの徳川方は、米野の戦いでも豊臣方に大打撃を与えた

池田輝政鎧かけ松と石碑
（岐阜県岐南町・八剣神社）
河田の渡しの戦いの後、池田輝政がこの松に鎧をかけて休んだという

福島正則の銅像
（名古屋市中区・納屋橋ゆめ広場）

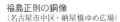

本多忠勝の銅像
（愛知県岡崎市・岡崎公園）

山内一豊夫妻と愛馬の銅像
（岐阜県郡上市・城山公園）
一豊も岐阜城攻防戦で徳川方として奮戦した

関ケ原古戦場開戦地の石碑
（岐阜県関ケ原町）

関ヶ原古戦場徳川家康最初陣地の石碑
（岐阜県関ケ原町）

池田輝政陣所古趾の石碑
（岐阜県垂井町）

鳥取城中仕切門（鳥取市）

豊臣秀吉の正室・高台院（おね）の銅像
（神戸市北区・有馬温泉）

播磨姫路城天守閣（兵庫県姫路市）

池田氏の家紋「蝶」をモチーフとした揚羽蝶のモニュメント（兵庫県姫路市・好古園前）

播磨姫路城（兵庫県姫路市）の石垣

播磨三木城、もしくは明石船上城から移築されたという明石城巽櫓
（兵庫県明石市）

尾張名古屋城での手伝普請をモチーフとした加藤清正の銅像（名古屋市中区・名古屋城跡）
清正は福島正則らと共に同城の手伝普請に参加した

加藤清正の銅像（名古屋市・名古屋能楽堂前）

伊木忠次の墓碑
（兵庫県三木市・本要寺）
左の小さいのが本来の墓碑。右の白く大きいのが平成二十九年に再建された墓碑

駿河駿府城東御門（静岡市葵区）

茨木城址の石碑
（大阪府茨木市・市立茨木小学校）

復元された摂津茨木城楼門（大阪府茨木市・市立茨木小学校）

下津井城跡の石垣と石碑（倉敷市）
池田忠継が岡山藩主となった時、
姫路藩重臣の同由之（忠継の従兄）
が備前下津井城代に就任した

備前岡山藩主・池田忠継が切り出した城内随一の巨石・蛸石
（大阪市中央区・大阪城桜門枡形）

大阪城天守閣（大阪市中央区）

豊臣秀頼の銅像
（大阪市中央区・玉造稲荷神社）

豊臣秀頼・淀殿ら自刃の地の石碑
（大阪市中央区・大阪城天守閣下）

備前岡山城復興天守閣
（岡山市北区）

大阪城南外堀の六番櫓と石垣（大阪市中央区）
この付近の手伝普請の担当は岡山藩主・池田光政と筑後柳河藩（福岡県柳川市）主・立花宗茂。櫓の左下には「抜け穴」と呼ばれる謎の穴がある

復元された美作津山城備中櫓（津山市） 津山藩主・森忠政が娘婿である備中松山藩主・池田長幸（備中守）のために構築した

備中生坂藩岡山屋敷から移築された
林原美術館の門（岡山市北区）

家康の次女・良正院との再婚

輝政の正室・絲姫《いとひめ》（中川清秀《きよひで》の娘）は天正《てんしょう》十二年（一五八四）に嫡子《ちゃくし》・池田利隆《としたか》を産んだが、出産後の体調が優れなかったために実家へ戻った。

その後、文禄《ぶんろく》三年（一五九四）になって輝政は、天下人・秀吉の命に従って良正院《りょうしょういん》（富子／徳川家康の次女）を継室《けいしつ》（後妻）に迎えている。

良正院ははじめ相模《さがみ》（神奈川県）の戦国大名・北条氏直《うじなお》に嫁《とつ》いで一女（万姫《まんひめ》）を産む。前後したが、氏直の高祖父・伊勢宗瑞《いせそうずい》（北条早雲《そううん》）は室町幕府の幕臣《ばくしん》・伊勢氏の出身で、前半生には備中高越城《たかこし》（井原市）で領地経営にあたったこともある。しかし、天正十八年の小田原《おだわら》征伐で後北条氏《ごほうじょうし》が滅亡し、氏直も同十九年に病没したために父のもとへ戻っていた。

秀吉がどうしてこのような縁組を勧めたのかは詳らかではないが、当時、吉田城主の輝政をはじめとする東海道の大名には、特に家康を牽制《けんせい》する任務が与えられていたという。したがって、牽制を担《にな》っていた大名の一人である輝政が娘婿となることは、家康にとっては好都合であった。

一方、輝政としても実力者・家康の次女である良正院を継室に迎えたことが、結果的に池田氏隆盛《りゅうせい》の一因となった感がある。具体的には、輝政は良正院と再婚後、忠継《ただつぐ》ら五人もの子宝に恵まれた。輝政が家康の娘婿、忠継らが家康の外孫ということもあって、のちには徳川氏ゆかりの松平の称号、「三《み》ツ葵《あおい》」の紋所《もんどころ》を許されている。

また、忠継らが次々と大名に取り立てられた結果、池田氏は本家である利隆の子孫が岡山藩主、分家である六家が鳥取藩主などとして、明治維新まで存続することができた。

岐阜城攻防戦や関ケ原の戦いで活躍

慶長《けいちょう》三年（一五九八）八月十八日に秀吉が病没し、同五年初夏には石田三成《みつなり》ら豊臣方が家康打倒を掲げて挙兵する。この時、豊臣方は大坂城下の屋敷にいた継室・良正院、次男・忠継らを人質として徴収しようとした。しかし、幸いにも山崎家盛《いえもり》（輝政の妹婿）が良正院らを救出し、自身の居城である摂津三田城《せっつさんだじょう》（兵庫県三田市）で保護している。

同じ頃、家康は豊臣家恩顧の大名を引き連れ、下野小山《しもつけおやま》（栃木県小山市）にいた。やがて、家康は三成ら豊臣方の討伐を公言し、大名たちに去就《きょしゅう》の自由を与えるが、無論、娘婿の輝政は一も二もなく徳川方へ身を投じることを表明する。これを受けて、家康は輝政と清洲《きよす》城主・福島正則《まさのり》に徳川方の先鋒《せんぽう》を命じ、東海道を西へ進撃させた。

清洲城へ到着後、輝政、正則らは豊臣方の岐阜城主・織田秀信《ひでのぶ》（三法師《さんぼうし》／信長の嫡孫《ちゃくそん》）を攻撃することになり、正則、輝政、井伊直政《なおまさ》、本多忠勝《ただかつ》らが八月二十二日に木曾川《きそがわ》の河田《ごうだ》の渡しを渡河する。『常山紀談《じょうざんきだん》』などの記述によれば、輝政の重臣・伊木忠次《いぎただつぐ》は渡河作戦の指揮をとるなど、この方面の徳川方の参謀長役をつとめていたようである。

しかし、輝政らの動きを察知した秀信は対岸の閻魔堂《えんまどう》まで本陣を進めたた

め、河田の渡しでは両軍入り乱れての激闘となった。この時、徳川方の参謀長役だった忠次は将兵に向かい、

「われらは上方《かみがた》から関東まで往復したので顔が黒く焼けているが、敵方は（上方を動かなかったので）顔が青白い。そんな者どもに負けるな！」

と叱咤《しった》激励する。『池田家文書』には関連した文書が残るが、池田隊では輝政の嫡子・池田利隆も従軍していたという。弟・同長吉《ながよし》は負傷しながらも敵の首をあげた。一説に、この日、池田隊だけでも七百の首をあげたとされている。結局、池田隊の猛攻のために、秀信らは城へ逃げ帰った。同日、忠次は上宮寺《じょうぐうじ》（岐阜市）に禁制《きんせい》を発して、民心の安定につとめている。

なお、二十二日の戦いでは池田隊ばかりが軍功をあげ、正則率いる福島隊は良いところがまったくなかった。そのことを知った輝政は、翌日の岐阜城攻めでは大手の大将を正則に譲り、自身は搦手の大将を引き受けている。それでも、二十三日の池田隊、福島隊の先陣争いは熾烈《しれつ》を極め、福島隊が付近に放火して池田隊の進軍を遮《さえぎ》るなどした。

けれども、輝政は天正十八年（一五九〇）まで岐阜城主だっただけに、城周辺の地形や城内の構造は熟知している。すかさず、池田隊は長良川《ながらがわ》の河畔から城内へ攻め入り、忠次らが天守に一番乗りして池田氏の旗を立てた。さらに、大手から福島隊が攻め入ったので、秀信は降伏し、岐阜城は陥落《かんらく》する。

ちなみに、落城後も輝政と正則は争ったが、直政と忠勝が「大事の前の小事」とたしなめ、どうにかその場は収まった。おそらく、直政、忠勝から以上の顛末《てんまつ》に関して報告を受けたのだろう。家康は八月二十六日、二十七日に輝政、二十七日に長吉、九月一日には正則、輝政の両人に賞詞《しょうし》を送り、軍功を称《たた》えている。

そして、徳川方と豊臣方の主力同士が激突した九月十五日の関ケ原の戦いは、序盤は一進一退であったが、やがて豊臣方の小早川秀秋《こばやかわひであき》（秀吉の甥、養子）が徳川方に寝返ったのをきっかけに徳川方が地滑り的な大勝利を収めている。輝政はこの決戦では主戦場では戦わず、南宮山《なんぐうさん》に布陣した豊臣方の毛利秀元《ひでもと》、吉川広家《ひろいえ》、長束正家《なつかまさいえ》らの抑えを担当した。

この後、戦場を離脱した正家は居城・近江水口岡山城《おうみみなくち》（滋賀県甲賀市《こうか》）へ籠城するが、長吉は偽《いつわ》って正家をおびき出し、自刃に追い込んでいる。ちなみに、正家は家康の暗殺を企てたり、伏見城内の甲賀忍者を寝返らせるなどの謀略を得意としていた。

なお、輝政・長吉兄弟の義弟（妹・安養院《あんよういん》の後夫《こうふ》）である中村一氏《かずうじ》は、かつて水口岡山城主だったことがある。したがって、城攻めに際して、義弟の一氏から城の構造を教わったり、城下の町民、領民を紹介されたりした可能性が指摘できよう。

それでも長吉が正家を謀殺《ぼうさつ》できたのは、祖父・池田恒利《つねとし》が甲賀出身で、前身が甲賀忍者という滝川一益《かずます》の叔父《おじ》であることと無関係ではないように思われてならない。ともあれ、長吉は家康に戦功を称賛された上で、正家が蓄えていた金銀を与えられている。

五十二万石の播磨姫路藩主へ栄進

関ケ原の戦いで未曾有《みぞう》の大勝利を収めた家康は論功行賞を実施して、豊臣方に属した武将をお取り潰しとしたり、石高削減《こくだか》を行なう一方で、味方してくれた武将には石高の加増を行ってその労に報いた。

そんな論功行賞の最中、家康は娘婿である輝政に向かい、

「播磨《はりま》（兵庫県中央部）か、美濃《みの》（岐阜県南部）か、どちらか望む国をその方に与える」

と打診したという。これを受けて、輝政は重臣の意見を聴《き》いたが、

「美濃は旧領《きゅうりょう》であるので事情が良くわかるが、播磨は不案内で事情がまったくわからない」

として、大部分の重臣は「美濃を拝領すべき」と主張した。しかし、伊木忠次のみは、

「『一に播磨、二に越前《えちぜん》（福井県）』という諺《ことわざ》があることでも明らかなように、

播磨は国柄が良く、西に備前、南に淡路《あわじ》があって『永世の基業《きぎょう》』を興《おこ》すには最適の地である」

と主張する。さらに、忠次は続けて、

「乱世に逆戻りしたら、（今回の関ケ原の戦いのように）美濃は戦場となる可能性が高いし、美濃では御家《おいえ》（＝池田氏）の発展が望めない」

とも口にし、「播磨を拝領すべき」と輝政に強く訴えた。結局、この忠次の主張に当初は「美濃を拝領すべき」と主張していた他の重臣も賛同したので、輝政は家康に播磨の拝領を願い出たという。以上の逸話のすべてが事実とは思えないが、（美濃でなく）播磨へ国入りしたことが池田氏隆盛の端緒となった感がある。

また、家康は徳川方に属して大きな軍功をあげた大名の石高を、二倍、もしくは三倍に加増した。たとえば、輝政と岐阜城攻防戦で張り合った福島正則は加増を受けて石高がほぼ二倍に、輝政と同じく家康の娘婿（養女の婿）である黒田長政《ながまさ》（孝高《よしたか》の嫡子）は加増を受けて石高が三倍になっている。これに対して、十五万二千石の吉田城主だった輝政は、五十二万石の姫路藩主に栄進した。輝政に対する約三・三倍、三十六万八千石もの加増は、このクラスの外様《とざま》大名に対するものとしては異例であるといえよう。

天下の名城・姫路城の築城

播磨に五十二万石を与えられた輝政がまず着手したのは、居城・姫路城と城下町の整備であった。この姫路城は黒田孝高（官兵衛《かんべえ》、如水《じょすい》）、秀吉ゆかりの城で、慶長五年の関ケ原の戦いの当時は木下家定《いえさだ》（秀吉の正室・高台院《こうだいいん》の兄）が城主だった。その家定が備中足守藩（岡山市北区）主へ転出した後に輝政が国入りし、同六年から築城を開始する。この時、城の敷地が姫山《ひめやま》のみならず、周辺の数ケ村にまで拡大された。築城総奉行《そうぶぎょう》は筆頭家老となる伊木忠繁《ただしげ》（忠次の嫡子）、大工棟梁《とうりょう》は桜井源兵衛《げんべえ》で、以後、八年の歳月を費《つい》やして完成した。

城の構造は姫山などを中心とした平山城《ひらやまじろ》で、本丸の望楼《ぼうろう》型の大天守《だいてんしゅ》（五重六階）と、東、西、乾《いぬい》の三つの小天守《しょうてんしゅ》（三重）とは渡櫓《わたりやぐら》で結ばれている（＝連立式天守）。

また、天守や櫓《やぐら》、塀の壁面は防火、防禦《ぼうぎょ》の強化の観点から白漆喰総塗籠《しろしっくいそうぬりごめ》とされ、その姿は白鷺《しらさぎ》のように優美であることから姫路城は白鷺城と呼ばれるにいたった。

城内には大天守、小天守の他にも櫓、門などの数多くの建物が構築されたが、輝政の時代に構築された石垣の打込《うちこ》み接《は》ぎ、算木《さんぎ》積《づ》み、扇《おうぎ》の勾配《こうばい》は特に見事である。また、城下町には総構《そうがま》えがもうけられ、堀によって内曲輪《うちぐるわ》、中曲輪、外曲輪に区切られていた。

さらに、輝政の時代には執務のための建物・備前丸《びぜんまる》が本丸にあったが、現存しない。一方、池田氏の次の藩主・本多忠政《ただまさ》（忠刻《ただつぐ》の父）の時代に、千姫《せんひめ》（豊臣秀頼《ひでより》、本多忠刻の正室）のために西の丸へ化粧櫓《けしょうやぐら》が構築された。現在、大天守、小天守、化粧櫓などが国宝の指定を受けており、平成五年（一九九三）

には世界文化遺産にも登録されている。
なお、輝政は総奉行の忠繁らを促《うなが》し、姫路城の築城と併行して城下町の整備、藩内の支城《しじょう》の修築などにも当たらせた。播磨国内の支城の城名、城主は次の通りである。

明石《あかし》（船上《ふなあげ》）城（兵庫県明石市）＝池田利政《としまさ》
高砂《たかさご》城（同高砂市）＝中村主殿《とのも》
三木城（兵庫県三木市）＝伊木忠次・同忠繁
龍野《たつの》城（同たつの市）＝荒《あら》尾《お》成房《なりふさ》
利神《りかん》城（同佐用《さよう》町）＝池田由之《よしゆき》
赤穂《あこう》（掻上《かきあげ》）城（同赤穂市）＝池田長政

「姫路宰相百万石」と「西国の将軍」

輝政は五十二万石の姫路藩主だったが、官職は最晩年に参議《さんぎ》に補任《ぶにん》された。

参議の唐名《とうみょう》（中国名）が宰相《さいしょう》であるため、輝政は周囲からは姫路宰相と呼ばれるようになる。

また、弟・池田長吉は六万石の鳥取藩主であったし、次男・同忠継が慶長八年に二十八万石の岡山藩主に、三男・同忠雄は同十八年に六万三千石の淡路洲本《すもと》藩（兵庫県洲本市）主に抜擢されていた。これに継室・良正院の化粧料《けしょうりょう》などを加えると石高が百万石に迫ったため、世人は輝政のことを「姫路宰相百万石」と呼ぶにいたっている。

それとは別に、輝政は「西国の将軍」という異名《いみょう》も得ていた。なお、江戸幕府の上方における出先機関としては京都所司代《しょしだい》があったが、当然、大坂城代《じょうだい》はまだなかった。このため、外様大名ながら家康の娘婿である輝政は、西国《さいごく》監視の任務も帯びていたらしい。

また、京都所司代には板倉勝重《かつしげ》らの譜代《ふだい》大名が就任するが、西国の外様大名にとって京都所司代は煙たい存在だったのだろう。西国の外様大名の中には江戸幕府に何かを嘆願する際、（京都所司代に願い出る前に）輝政に江戸幕府への口添えを依頼する者もいた。

実例をあげると、同十年に土佐藩《とさ》（高知市）主・山内一豊《かずとよ》が病没した後、同藩の重臣は同忠義《ただよし》（一豊の甥、養子）の家督相続を実現するべく、輝政のもとへ使者を送っている（『第二代忠義公紀』）。他にもこういった事例は多かったはずである。

なお、輝政と福島正則は何かにつけて張り合っていたようで、ある時などは正則が、

「われらは槍先《やりさき》で国を取った（＝領地を得た）が、三左衛門（輝政）は一物《いちもつ》で国を取った」

と口にしたことがあったという。ここでいう一物とは男性器のことで、つまり正則は、

「輝政は家康公の娘婿だから、一物のお蔭で大名になれたのだ」

などと、口汚く罵ったわけである。これに対して、負けん気の強い輝政は、

「いかにも一物で国を取った。もしも、槍を使えば、拙者《せっしゃ》は天下を取ってい

ただろう」

と答えたという逸話が伝えられている。そんな正則も、江戸幕府からの手《て》伝《つだい》普請《ぶしん》の下命《かめい》には不満があり、輝政に、

「手伝普請を免じてくれるよう、家康公に口添えしてくれぬか？」

などと泣きついた、とする逸話が残っている。この逸話は手伝普請や軍役《ぐんやく》にまつわるものとして取り沙汰されることが多いが、猛将の正則ですら、「西国の将軍」の威光に縋《すが》ろうとしたことを如実に示す逸話とみることもできよう。

輝政の気性と晩年の逸話

花隈《はなくま》城攻防戦以来、各地の戦場で軍功をあげた輝政だが、武将としては小《こ》柄《がら》な方だったという。輝政が姫路藩主となった晩年のある宴会で、他の大名の中に輝政が小柄である点を指摘する者がいた。

この時、輝政は、小柄である点と、勇功《ゆうこう》（軍功）があるか、封邑《ほうゆう》（領地）

を得られるかは関係ないという歌詞の舞《まい》を披露《ひろう》したという（『名将言行録』ほか）。

また、輝政は家康の娘婿となった後、恩讐《おんしゅう》を忘れて旗本の長田伝八郎《おさだでんぱちろう》こと永井直勝《なおかつ》と対面し、父・恒興の最期の様子を聞く。この後、輝政は家康に直勝の登用を促《うなが》したとされるが、輝政の没後、直勝は七万二千石の下総古河《しもうさこが》藩（茨城県古河市）主にまで栄進した。

なお、輝政は吉田城主、姫路藩主と栄進を続けたため、石高に見合った数の藩士を召《め》し抱《かか》えるべく、側近の若原右京《うきょう》、中村主殿に命じて有能な武士を探させた。有能な武士の召し抱えのためには出費を惜しまなかったという。

しかし、日頃から輝政は華美は好まず、質素倹約を徹底していた。重臣の中には度が過ぎていると口にする者もいたが、

「倹約をしないと多くの武士を召し抱えることが出来ない。今は平和だが、いつ合戦が起こるわからない。その時のために倹約し、武士を多く召し抱えたいのだ」

と語ったという。なお、輝政とは異なる考えを持つ重臣もいた。たとえば、最晩年、病臥《びょうが》していた筆頭家老・伊木忠次などは、見舞いに来た主君・輝政に向かい、

「殿様には武士の掘り出し（＝スカウト）を好むという良くない病気がある。武士は分限《ぶんげん》（＝器量《きりょう》）よりもひときわ多く知行《ちぎょう》を与えたならば、御家《おいえ》を去らずに忠節を尽くします」

などと諫言《かんげん》したので、輝政は忠次の手を握り、

「その志《こころざし》、山よりも高く、海よりも深し。生前においては忘却すべからず」

と語った。この諫言以後、池田氏の家風《かふう》が良くなったという（『備前老人物語』）。

輝政の発病と姫路城内での病没

「西国の将軍」の異名を得ていた輝政も慶長十七年の年初（一説に同十六年

の年末）に脳卒中《のうそっちゅう》となり、中風《ちゅうぶう》の症状が顕著となった。のちに、天下の名医の診察を受けたり、岳父《がくふ》・家康が調合した秘薬・烏犀円《うさいえん》を贈られるなどした甲斐《かい》あって、同十七年八月には駿府《すんぷ》（静岡市）に赴いて家康に礼を述べるまでに症状は回復する。この年は江戸城で第二代将軍・徳川秀忠《ひでただ》（家康の三男）から松平の称号を許され、京都の朝廷からは参議の官職に補任された。この時期、外様大名で参議に補任されたのは、輝政が最初だったとされている。無論、参議補任は家康・秀忠父子の奏請《そうせい》（推挙）に負う面が多かったものと推測される。

さらに、家康・秀忠父子は茶席《ちゃせき》に招いて歓待したり、書画、骨董《こっとう》の名品を下げ渡したり、池田氏ゆかりの摂津《せっつ》（兵庫県南東部ほか）に鷹場《たかば》を与えるなど、遠く姫路から来訪した輝政を最大限の待遇でもてなした。

しかし、病身をおして長旅を続けたことが良くなかったのだろう。年末に姫路へ帰着した輝政は、同十八年一月二十四日に姫路城内で危篤《きとく》となり、翌二十五日に病没する。五十歳だった。遺骸は姫路へ埋葬されるが、岡山藩主となった光政の手で和意谷《わいだに》墓所（備前市）へ儒教《じゅきょう》の礼をもって改葬された。他に、妙心寺《みょうしんじ》（京都市右京区）の塔頭《たっちゅう》・慈雲院《じうんいん》、随願寺《ずいがんじ》（姫路市）、龍峯寺《りゅうほうじ》改め国清寺《こくせいじ》、曹源寺《そうげんじ》（以上、岡山市）なども菩提寺《ぼだいじ》とされ、これらの寺院や紀伊高野山《きいこうやさん》（和歌山県高野町）の奥の院にも墓碑や供養塔が建立された。

輝政の妻妾と男子、女子（1）

本章の冒頭で触れた通り、輝政の正室・糸姫は摂津茨木《いばらぎ》城（大阪府茨木市）主・中川清秀の娘である。生年は不詳だが、母は熊野田隠岐守《くまのだおきのかみ》の娘だった。糸姫は天正年間（一五七三〜九一）半ばに輝政に嫁ぎ、天正十二年に嫡子・利隆を産む。しかし、出産後の体調が優れなかったために実家へ戻り、事実上、離婚した。この事実上の離婚は、糸姫の体調の他に、輝政と糸姫の不仲、父や兄の討死、横死《おうし》などが理由としてあげられることが多い。

なお、糸姫の父・清秀は同十一年の賤ケ嶽《しずたけ》の戦いで討死、兄・中川秀政《ひでまさ》は文禄二年（一五九三）に朝鮮半島で横死を遂げていた。系図類の中には出産後、程なく没したとするものがあるが、絲姫は元和《げんな》元年（一六一五）に豊後《ぶんご》岡城（大分県竹田《たけた》市）で没している。

孫の光政は藩主となって以降、祖母・絲姫の遺骸を祖父・輝政の墓碑の傍らへ改葬したいと希望するが、岡藩主・中川久盛《ひさもり》（絲姫の甥）らの同意が得られなかったという。

次に、継室の良正院については本章の冒頭の「家康の次女・良正院との再婚」などの項で少し触れた。家康の次女である良正院は永禄《えいろく》八年（一五六五）、父の居城・三河《みかわ》岡崎城（愛知県岡崎市）で生まれたというが、生年を十年後の天正三年（一五七五）とする説もある（『幕府祚胤伝《そいんでん》』）。母は側室・蓮葉院《れんよういん》（西郡の方《にしごおりのかた》）で、良正院の俗名《ぞくみょう》は富子、督姫、普宇姫、通称は小田原後家《ごけ》、播磨御前《ごぜん》という。良正院ははじめ相模（神奈川県）の戦国大名・北条氏直に嫁ぎ、女子（万姫《まんひめ》）をもうけた。しかし、天正十八年に小田原征伐で後北条氏が滅亡し、氏直も同十九年に病没したために父のもとへ戻る。

結婚後の輝政と良正院とは夫婦仲が良く、男子五人（他に女子一人とも）もの子宝に恵まれた。慶長十八年（一六一三）に夫・輝政が病没した後、同十九年に駿府で継子《ままこ》・利隆による備前監国《かんこく》を解くよう嘆願して、父の家康はこれを認めている。なお、良正院は利隆の干渉を嫌い、播磨から他国へ国替えして欲しいとも嘆願したという（『当代記』）。

そんな良正院は元和元年二月四日に姫路（一説に京都）で病没した。永禄八年生まれという説に従えば、当時の良正院は五十一歳だったことになる。

なお、生前は輝政・良正院夫妻を呪詛《じゅそ》する内容の怪文書が飛び交うが、良正院の死に関しても、

「継子の利隆に毒饅頭《どくまんじゅう》を食べさせようとしたが、これを察知した実子・忠継が毒饅頭を食べ、良正院もこれに続いた」

とする姫路毒饅頭事件なるものが取り沙汰されている。ただし、同事件はまったくのフィクションである。

ほかに、輝政には満願院《まんがんいん》、安東氏、某《ぼう》氏などの側室がいた。

輝政の妻妾と男子、女子（2）

輝政は正室・絲姫との間に嫡子・利隆をもうけた。本章の最後の「嫡子・利隆、孫・光政と岡山入封」で触れるが、輝政の没後、池田氏の家督を継いだのはこの利隆である。

次に、輝政は継室・良正院との間に五人の男子（忠継、忠雄、輝澄《てるずみ》、政綱《まさつな》、輝興《てるおき》）をもうけたが、家康の外孫にあたる五人は全員が大名となった。

まず、次男の忠継は岡山藩主に抜擢されたが、当時、わずか五歳だったため異母兄である利隆が監国として藩政運営に当たっている。忠継の没後は三男の忠雄が継ぎ、忠雄の没後は嫡子・光仲《みつなか》が鳥取藩主となって明治維新まで存続した。

四男・輝澄は播磨山崎藩（兵庫県宍粟《しそう》市）主、五男・政綱は同赤穂藩（同赤穂市）主、六男・輝興は同平福《ひらふく》藩（兵庫県佐用《さよう》町）主を経て赤穂藩主となるが、輝澄は御家《おいえ》騒動、政綱は跡継ぎの欠如、輝興は乱心のためにいずれもお取り潰しとなる。以上のうち、輝澄の系統のみが、交代寄合《こうたいよりあい》（大名並の旗本）を経て幕末維新期の維新立藩《りっぱん》により播磨福本藩（同神河町《かみかわ》）主として大名の座へ返り咲いている。

なお、輝政は複数の側室との間に茶々姫《ちゃちゃひめ》（京極高広《きょうごくたかひろ》の正室）、振姫《ふりひめ》（孝勝《こうしょう》院《いん》／伊達《だて》忠宗《ただむね》の正室）、政虎《まさとら》、輝高《てるたか》、利政《としまさ》などの子女をもうけていた。このうち、政虎は実は次男、利政は実は四男であるとされるが、政虎の系統は岡山藩士として、利政の系統は池田政言《まさこと》（光政の次男）が名跡《みょうせき》を相続して備中鴨方《かもがた》藩（浅口市）主として存続する。

また、輝政は良正院が先夫《せんぷ》・氏直との間にもうけた娘・万姫や、異父姉・七条《しちじょう》が夫・下間頼龍《しもつまらいりゅう》との間にもうけた複数の娘などを養女としていた。以上のうち、茶々姫の夫・京極高広は丹後宮津《たんごみやづ》藩（京都府宮津市）主、振姫の夫・伊達忠宗（政宗《まさむね》の嫡子）は陸奥《むつ》仙台藩（仙台市）主で、養女たちは大名の建《たけ》部《べ》光重《みつしげ》、徳永昌重《まさしげ》、池田氏の重臣の日置《へき》忠俊《ただとし》、丹羽幸元らの正室となっている。また、『寛政重修諸家譜』は振姫の母を側室・某氏としているが、母を良正院とする系図類もある。その振姫は家康の養女、第二代将軍・徳川秀忠の猶子《ゆうし》（準養女）として忠宗のもとへ輿入《こしい》れした。

嫡子・利隆、孫・光政と岡山入封

輝政の嫡子・池田利隆は天正十二年に岐阜城で生まれた。利隆は慶長《けいちょう》五年（一六〇〇）の岐阜城攻防戦に父に従って参戦し、敵方の首を得たという。同八年、わずか五歳の異母弟・同忠継が岡山藩主に抜擢されると、利隆が監国として藩政の運営を担当した。その十年後の同十八年に父・輝政が病没したため、利隆が池田氏の家督を継いで姫路藩主となり、同十九年、元和元年の大坂の陣では藩兵を率いて奮戦をしている。

しかし、利隆は同二年に病を得たため京都で療養生活に入るが、六月十三日に同地で病没した。三十三歳であった。なお、池田氏では筆頭家老の伊木忠繁（忠次の嫡子）が同年八月六日に病没し、利隆の嫡子・池田光政は八歳という幼児であった。このため、江戸幕府は要地である姫路を任せられないと判断し、光政は三十二万石の鳥取藩主とされた。この時、鳥取藩主だった池田長幸《ながよし》（長吉の嫡子）は六万石の備中松山藩（高梁市）主に転じたが、子孫の代にお取り潰しとなる。

国替えの後、光政は鳥取藩政の確立につとめるが、寛永《かんえい》九年（一六三二）に叔父《おじ》で、忠継の跡を継いでいた岡山藩主の同忠雄が病没する。当時、忠雄の嫡子・同光仲はわずか三歳であった。このため、江戸幕府は要地である岡山を任せられないと判断し、光仲は三十二万石の鳥取藩主とされた。

そして、光仲と入れ替わるかたちで、光政が三十一万五千石の岡山藩主となる。国替えの後、光政は岡山藩政の確立につとめ、熊沢蕃山《くまざわばんざん》、津田永忠らの有能な人材を登用した。

また、東照神君《とうしょうしんくん》こと家康を祀《まつ》る東照宮《とうしょうぐう》の勧請《かんじょう》をはじめ、児島湾の干拓、新田《しんでん》の開発、百間川《ひゃつけんがわ》の開削《かいさく》といった土木工事、岡山藩藩学、郷校《ごうこう》・閑谷《しずたに》学校といった文教施設の整備、さらには池田氏の人々を儒教の礼で埋葬した和意谷墓所の建設などを行った。

そういった政策とは別に華美な祭礼を禁止し、質素倹約を説《と》いたこともあり、光政は江戸時代前期を代表する名君の一人にあげられることが多い。

以後、光政の子孫である池田氏は国替えがなく、岡山藩主として明治維新まで存続した。分家には、これまでに触れた同長吉を家祖とする備中松山藩、政綱にはじまる赤穂藩、輝興にはじまる赤穂藩のほかに、池田恒元《つねもと》（利隆の次男）にはじまる山崎藩があったが、跡取りの欠如、乱心などにより惜しくもお取り潰しとなった。

一方で、同政虎を家祖、同政言《まさこと》（光政の次男）を藩祖とする鴨方藩、同輝録《てるとし》（光政の三男）を藩祖とする備中生坂《いくさか》藩（倉敷市）、忠継を藩祖とする鳥取藩、同藩の分家で同仲澄《なかずみ》（光仲の次男）を藩祖とする因幡鹿野《いなばしかの》藩（鳥取市）、同清定《きよさだ》（光仲の四男）を藩祖とする因幡若桜《わかさ》藩（鳥取県若桜町）、維新立藩で交代寄合から大名の座へ返り咲いた同輝澄（輝政の四男）を家祖とする福本藩があった。以上の六つの分家は、明治維新まで存続している。

資料編

池田氏関係略年表

池田氏略系図

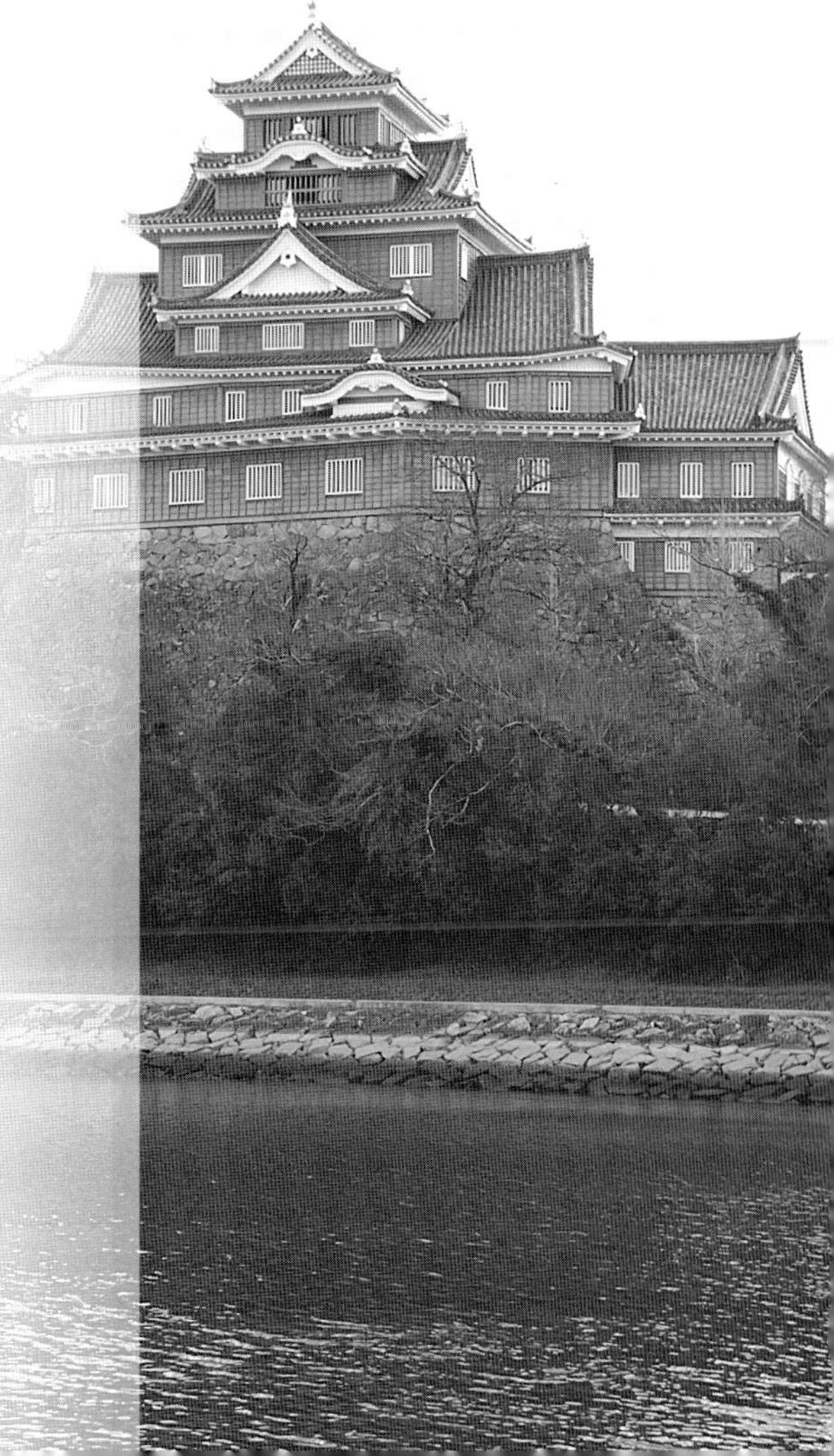

池田氏関係略年表

和暦	西暦	事項
永正12	1515	池田政秀の娘・養徳院（大御乳様）、誕生。
天文5	1536	池田恒利・養徳院夫妻の嫡子・恒興、誕生。この頃　養徳院、織田信長の乳母となる。
7	1538	3月29日（異説あり）　恒利、病没。
14	1545	恒興、乳兄弟の信長に仕官。
永禄元	1558	11月2日　信長、弟・織田勘十郎の抹殺を決意。恒興、主命で勘十郎を斬る。
2	1559	恒興・善応院夫妻の嫡子・元助、誕生。
7	1564	12月29日　恒興・善応院夫妻の次男・輝政、誕生。
元亀元	1570	5月　恒興、尾張犬山城（1万貫）主に抜擢される。
天正6	1578	10月　恒興と元助・輝政兄弟、荒木方の籠もる摂津有岡城の周囲に布陣。

天正8	1580	7月2日　恒興と元助・輝政兄弟、荒木方の籠もる摂津花隈城を攻略。 8月　恒興、伊丹（有岡）城主に抜擢される。
10	1582	6月2日　本能寺の変。主君の信長・信忠父子、小姓の森蘭丸らが自刃、討死。 13日　山崎の戦い。羽柴秀吉、恒興らの羽柴方、山崎で明智方に勝利。同日夜　明智光秀、横死。 27日　清洲会議が開催され、恒興、加増を受け、居城を摂津大坂城へ移す。 10月28日　三宿老（秀吉・長秀・恒興）、本圀寺会議を開催。
11	1583	4月　賤ケ嶽の戦い。羽柴方の中川清秀（輝政の岳父）、討死。 同月　越前北ノ庄城攻防戦。勝家・お市の方夫妻、自刃。 恒興、美濃大垣城主に栄転。元助は岐阜城主、輝政は池尻城主に就任。
12	1584	秀吉と織田信雄が対立。徳川家康が信雄を支援。 3月13日　恒興、犬山城を攻略。 4月9日　長久手の戦い。織田・徳川方の襲撃を受け、恒興・元助父子、森長可、関成政が討死。輝政、重臣・伊木忠次の尽力で池田氏の家督を相続し、岐阜城主に就任。長可の正室・安養院（輝政の妹）、兄のもとへ戻り、のちに中村一氏と再婚。 9月7日　輝政の嫡子・利隆、誕生。母の正室・絲姫はやがて実家へ戻る。

和暦	西暦	事項
天正13	1585	3月　輝政、紀伊征伐に出陣。8月　輝政、越中征伐に出陣。
18	1590	輝政、小田原征伐、次いで奥羽征伐に出陣。北条氏政・氏直父子が降伏し、伊勢宗瑞（盛時／北条早雲）にはじまる後北条氏が滅亡。 9月　輝政、三河吉田城（15万2千石）主に栄転。
文禄3	1594	輝政、秀吉の命で良正院（家康の次女、氏直の未亡人）と再婚。
4	1595	7月15日　豊臣秀次事件。秀次、紀伊高野山で自刃。妻子、側近も連坐。唯一、若政所（二人目の正室）・致祥院（輝政の妹）は連坐を免れて兄のもとへ戻る。
慶長3	1598	8月18日　秀吉、病没（62歳？）。
4	1599	2月18日　輝政の次男・池田忠継、誕生。母は継室・良正院。
5	1600	7月　石田三成らの豊臣方、上方で挙兵。大坂にいた輝政の妻子、義弟の山崎家盛が居城の摂津三田城へ避難させる。輝政の妹・天球院、夫・家盛に豊臣方の人質となるよう求められるが、拒んで実家へ戻る。

年号	西暦	事項
慶長5	1600	8月22日　輝政・長吉兄弟、正則らの徳川方、木曾川河田の渡しで豊臣方の織田秀信を駆逐。 23日　輝政らの徳川方、秀信の籠もる岐阜城を攻略。 9月15日　関ケ原の戦い。家康率いる徳川方が大勝。長吉、近江水口岡山城に籠もる豊臣方の長束正家を謀殺。 10月　輝政、播磨姫路藩（52万石）主に栄転。 11月　長吉、因幡鳥取藩（6万石）主に栄転。
6	1601	輝政、居城・播磨姫路城の築城に着手。築城総奉行には伊木忠繁（忠次の嫡子）が就任（完成は8年後）。
7	1602	10月18日　備前岡山藩主・小早川秀秋、病没（21歳）。小早川氏はお取り潰しとなる。
8	1603	忠継、岡山藩（28万石）主に抜擢され、異母兄・利隆が備前監国に就任。11月10日　伊木忠次、病没（61歳）。
9	1604	6月29日（異説あり）善応院、病没。
13	1608	10月16日　養徳院、病没（94歳）。
14	1609	4月4日　利隆・福照院（榊原康政の娘）夫妻の嫡子・光政、誕生。
17	1612	1月　輝政、発病。 8月　輝政、姫路から駿府、江戸、京都へ赴き、姫路へ帰国。

和暦	西暦	事項
慶長18	1613	1月25日　輝政、姫路で病没（50歳）。 6月6日　利隆、池田氏の家督を相続し、姫路藩主に就任。忠継、播磨三郡を加増される。
19	1614	9月14日　長吉、病没（45歳）。嫡子・長幸（母は継室・忠次の娘）、家督を相続し、鳥取藩主に就任。 11～12月　大坂冬の陣。利隆率いる姫路藩兵と忠継率いる岡山藩兵、冬の陣で徳川方として奮戦。
元和元	1615	2月4日　良正院、病没（51歳？）。 23日　忠継、岡山で病没（17歳）。 4月～5月　大坂夏の陣。大坂城が落城し、淀殿・秀頼母子が自刃。姫路藩兵と岡山藩兵、夏の陣で奮戦。 6月28日　輝政の三男・忠雄、亡兄・忠継の遺領を相続し、岡山藩主に就任。輝政の子の輝澄・政綱・輝興、播磨国内の藩主となる。
2	1616	4月17日　家康、駿府で病没（75歳）。 6月13日　利隆、京都で病没（33歳）。嫡子・光政、池田氏の家督を相続。 8月6日、筆頭家老の忠繁、病没（36歳）。

元和3	1617	光政、幼少を理由に姫路藩主から鳥取藩（32万石）主に転じる。長幸、鳥取藩主から備中松山藩（6万5千石）主に転じる。
寛永9	1632	4月3日 忠雄、病没（31歳）。嫡子・光仲、家督を相続するが、幼少を理由に岡山藩主から鳥取藩（32万石）主に転じる。光政、鳥取藩主から岡山藩（31万5千石）主に転じる。

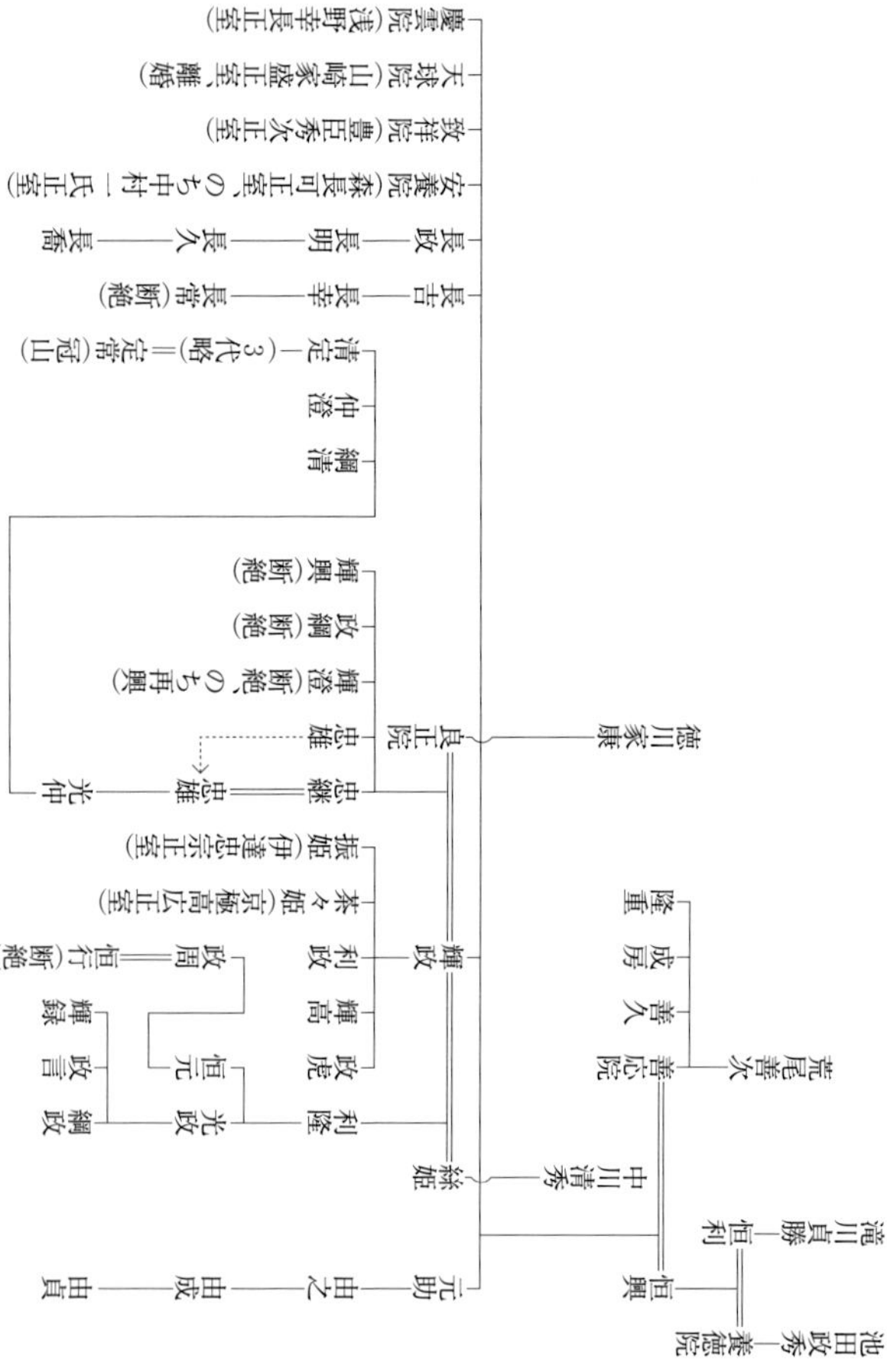

池田政秀—養徳院
滝川貞勝—恒利
恒興
荒尾善次
善応院
善久
成房
隆重
中川清秀
糸姫
徳川家康
良正院
元助—由之—由成—由貞
輝政
利隆—光政—綱政
政言
輝録
恒元
政周＝恒行（断絶）
政虎
輝高
利政
茶々姫（京極高広正室）
振姫（伊達忠宗正室）
忠継＝忠雄—光仲
忠雄
輝澄（断絶、のち再興）
政綱（断絶）
輝興（断絶）
清定—（3代略）＝定常（冠山）
仲澄
綱清
長吉—長幸—長常（断絶）
長政—長明—長久—長喬
安養院（森長可正室、のち中村一氏正室）
致祥院（豊臣秀次正室）
天球院（山崎家盛正室、離婚）
慶雲院（浅野幸長正室）

池田氏略系図

〔参考文献〕

『池田家履歴略記』〔上・下〕日本文教出版、1963年
『寛政重修諸家譜』〔第五〕続群書類従完成会、1964年
奥野高広、岩沢愿彦校注『信長公記』角川書店／文庫、1969年
『大日本史料』〔第十二編之十〕東京大学出版会、1971年
『信長記』〔全15巻〕福武書店、1975年
鈴木棠三校注『定本常山紀談』〔上・下〕新人物往来社、1979年
『寛永諸家系図伝』〔第二〕続群書類従完成会、1980年
神郡　周校注『信長記』現代思潮社／古典文庫、1981年
藤井駿、水野恭一郎、谷口澄夫編『池田光政日記』国書刊行会、1983年
奥野高広『増訂織田信長文書の研究』〔全3冊〕吉川弘文館。1988年
倉地克直校注『岡山藩家中諸士家譜五音寄』〔全2巻〕岡山大学文学部、1993年
岡山大学附属図書館、林原美術館編、倉地克直、浅利尚民『天下人の書状をよむ　岡山藩池田家文書』吉川弘文館、2013年
蔵知　矩『池田勝入斎信輝公小伝』池田家岡山事務所、1934年
蔵知　矩『池田恒利公小伝』池田家岡山事務所、1938年
谷口澄夫『池田光政』吉川弘文館／人物叢書、1961年
谷口澄夫『岡山藩政史の研究』塙書房、1960年〔復刻、山陽新聞社、1981年〕
谷口澄夫『岡山藩』吉川弘文館／日本歴史叢書、1964年
谷口澄夫「池田輝政」『大名列伝』〔①／武功篇（上）〕人物往来社、1966年
谷口澄夫「池田光政」『大名列伝』〔④／名君篇〕人物往来社、1967年
朝森　要『備中松山藩の研究』日本文教出版、1970年

谷口澄夫、柴田一、太田健一『岡山県の歴史』山川出版社、１９７０年
水野恭一郎「養徳院夫人攷」『日本文化と浄土教論攷』井川博士喜寿記念会出版部、１９７４年
石田善人「甲賀郡中惣と大原同名中惣について」『日本文化史論叢』柴田實先生古稀記念会、１９７６年
河手龍海「鳥取藩における宗主権の確立」『史林』第61巻4号、１９７８年
谷口研語「美濃守護土岐西池田氏と伊勢守護土岐世保氏」『日本歴史』第３５６号、１９７８年1月
朝森要、柴田一編『郷土史事典　岡山県』昌平社、１９８０年
河手龍海『因州鳥取藩池田家の成立　池田光仲とその時代』鳥取市教育福祉振興会、１９８１年
二木謙一『関ヶ原合戦』中央公論社／新書、１９８２年
宮本義己『戦国武将の健康法』新人物往来社、１９８２年
柴田　一『岡山の歴史』日本文教出版／岡山文庫、１９８９年
谷口澄夫「池田氏」『地方別日本の名族』〔第9巻〕新人物往来社、１９８９年
藤井　駿『岡山の城と城下町』日本文教出版／岡山文庫、１９８９年
柴田　一『津田永忠　岡山藩郡代』〔上・下〕山陽新聞社、１９９０年
河手龍海『鳥取池田家の殿様』富士書店、１９９１年
二木謙一『戦国武将の手紙を読む』角川書店／選書、１９９１年
村川浩平「池田輝政の男子について」『日本歴史』第５３５号、１９９２年12月
岡田正人『織田信長総合事典』雄山閣出版、１９９９年
小和田哲男編『戦国大名閨閥事典』〔全3巻〕新人物往来社、１９９６年
藤井学、狩野久、竹林栄一、倉地克直、前田昌美『岡山県の歴史』山川出版社、２０００年
『大名池田家のひろがり』鳥取市歴史博物館、２００１年
谷口克広『織田信長合戦全録』中央公論新社／新書、２００２年
谷口克広『信長軍の司令官』中央公論新社／新書、２００５年
田端泰子『乳母の力　歴史を支えた女たち』吉川弘文館、２００５年

谷口眞子「小牧・長久手の戦いの記憶と顕彰―池田恒興を事例に」『近世成立期の大規模戦争』〔下〕岩田書院、２００６年
小林将司「系図史料にみる大名池田家の出自と摂津」『史叢』第77号、２００７年9月
谷口克広「織田氏三代の閨閥」『歴史読本』２００９年4月
岡山県の歴史散歩編集委員会編『岡山県の歴史散歩』山川出版社、２００９年
『池田家三代の遺産』神戸新聞総合出版センター、２００９年
浅利尚民「池田家歴代肖像画と池田継政」『林原美術館・年報』4号、２０１０年3月
太田健一編『図説岡山・備前・玉野の歴史』郷土出版社、２０１０年
谷口克広『織田信長家臣人名辞典　第2版』吉川弘文館、２０１０年
浅利尚民「閑谷神社旧蔵『池田輝政・利隆・光政画像』について」『閑谷学校研究』第16号、２０１２年5月
岸本　覚「池田家の歴史と地域社会」『日本歴史』第７７３号、２０１２年10月
倉地克直『池田光政』ミネルヴァ書房／ミネルヴァ日本評伝選、２０１２年
斎藤夏来「近世大名池田家の始祖認識と画像」『歴史学研究』第８９２号、２０１２年5月
『姫路藩主「名家のルーツ」』神戸新聞総合出版センター、２０１２年
『鳥取のお殿さま』鳥取市歴史博物館、２０１４年
松井良祐「池田輝政等呪詛一件をめぐって」『築城　職人たちの輝き』兵庫県立考古博物館、２０１６年
黒田基樹「池田輝政の発給文書について」『近世初期大名の身分秩序と文書』戎光祥出版、２０１７年
鳥取藩政資料研究会編『鳥取藩研究の最前線』鳥取県立博物館、２０１７年
『岡山藩主池田家と吉田・二川』豊橋市二川本陣資料館、２０１７年
『家康と播磨の藩主』神戸新聞総合出版センター、２０１７年
『信長・秀吉・家康と美濃池田家』岐阜県博物館、２０１８年

おわりに

歴史上のことがらについては一般に流布している説の他に、古くからさまざまな説が取り沙汰されている。そこで、そういった点を踏まえつつ、本書では一般に流布している説を中心に書き進めた。

また、本書では人物の年齢をすべて和年齢（数え年）とし、人物の敬称はすべて略した。さらに、元号にはカッコを使って西暦を併記したが、たとえば天正年間といった場合は文禄に改元した一五九二年を含まず、天正年間（一五七三〜九一）としている。

前後したが、取材、執筆に当たっては伊木康通氏（伊木氏現当主）、小出文彦氏、高梨修氏、谷口克広氏（戦国史研究家）から懇切なる御教示を頂いた（以上、五十音順）。

さらに、本書の刊行にあたっては日本文教出版、石井編集事務所書肆亥工房にお世話になった。

末筆ながら、お世話になった方々に衷心より御礼を申し上げる次第である。

倉敷ぶんか倶楽部
川口素生

倉敷ぶんか倶楽部

倉敷ぶんか倶楽部（会長・小野敏也）は、1996年12月に郷土岡山の文化・歴史について、ときの流れのなかに埋もれた、忘れかけているそれらの掘り起こしをする。また、いまあるものへの思索、そして新しいものへのかかわり、すなわち「温故知新」を視野にいれた地域への貢献活動を目的として発足。

〒711-0911 倉敷市児島小川9-3-17　書肆亥工房倉敷本社事務所内
E-mail：ishigai@snow.plala.or.jp

岡山文庫　318　戦国・安土桃山時代の池田氏
— 池田恒興と池田輝政 —

令和２年５月24日　初版発行

編　者　倉敷ぶんか倶楽部
編　集　石井編集事務所書肆亥工房
発行者　黒田　節
印刷所　株式会社二鶴堂

発行所　岡山市北区伊島町一丁目4-23　日本文教出版株式会社
電話岡山(086)252-3175(代)　振替01210-5-4180(〒700-0016)
http://www.n-bun.com/

ISBN978-4-8212-5318-0

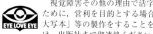

● 岡山県の百科事典

二百万人の **岡山文庫**

○数字は品切れ

(1.) 岡山の植物・西原礼之助
2. 岡山の祭と踊・神野力
(3.) 岡山の焼物・桂又三郎
(4.) 岡山の古墳・鎌木義昌
5. 岡山の民家・鶴藤鹿忠
6. 岡山の文学碑・山本遺太郎
7. 岡山の仏たち・脇田秀太郎
8. 岡山の動物・松本邦夫
9. 岡山の鳥・杉鮫太郎
10. 大原美術館・藤田慎一郎
11. 岡山後楽園・宗定克則・杉鮫太郎
12. 岡山歳時記・吉岡三平
13. 岡山の建築・巌津政右衛門
14. 瀬戸内海・緑川洋一
15. 岡山の民芸・外村吉之介
(16.) 吉備路・神野力
17. 岡山の魚・青木五郎
18. 岡山の昆虫・倉敷昆虫同好会
19. 岡山の城と城址・藤井駿・市川俊介
(20.) 岡山の果物・三宅忠一
21. 岡山の風物・岡山県広報協会
22. 吉備の女性・吉岡三平
(23.) 岡山の伝説・立石憲利
24. 岡山の酒・小出巌・西原礼之助
(25.) 岡山の街道・山陽新聞社
(26.) 岡山の絵画・脇田秀太郎・巌津政右衛門
(27.) 水島臨海工業地帯・平方与平
(28.) 岡山の旅・岡山県観光連盟
29. 蒜山高原・二若・富国・徳山
30. 岡山の歌謡・英玲二
(31.) 岡山の遺跡めぐり・間壁忠彦・葭子
(32.) 備前焼・小山冨士夫・藤原雄・中村昭夫
33. 岡山文学風土記・大岩徳二
(34.) 美作路・小山健三
35. 岡山の俳句・塩尻青笳・島津青沙
36. 岡山音楽夜話・保田太郎
37. 閑谷学校・巌津政右衛門・坂本一夫
38. 岡山の川柳・弓削川柳社
39. 岡山の民話・岡山民話の会
(40.) 岡山の刀剣・小林種次
41. 岡山の短歌・杉鮫太郎・藤原幾太郎
42. 岡山の医学・中山沃
43. 岡山の蘭草・鈴木尚夫・中村昭夫
(44.) 岡山の人物・黒崎秀明
(45.) 岡山の駅・難波数丸
46. 岡山の現代詩・坂本明子
47. 岡山の交通・藤沢晋
(48.) 岡山の教育・秋山和夫
(49.) 備中神楽・山根堅一・坂本一夫
50. 岡山の民具・鶴藤鹿忠
(51.) 岡山の宗教・長光徳和
52. 吉備津神社・藤井駿・坂本一夫
53. 岡山の貨幣・原三正
(54.) 岡山の古戦場・多和和彦
55. 岡山の石造美術・巌津政右衛門
(56.) 岡山の方言・十河直樹
57. 岡山の歴史・柴田一
58. 岡山事物起源・吉岡三平
(59.) 高梁川・宗田克巳
(60.) 岡山の干拓・吉岡三平・進昌三
61. 岡山の電信電話・萩野秀
62. 吉備高原・宗田克巳
63. 岡山のおもちゃ・吉永義光
64. 吉井川・宗田克巳
65. 岡山の港・巌津政右衛門
66. 岡山の絵馬と扁額・脇田秀太郎
(67.) 旭川・宗田克巳
68. 岡山の温泉・石井猛・圓堂稔
69. 岡山の県政史・蓬郷巌
70. 岡山の道しるべ・巌津政右衛門
71. 岡山の笑い話・稲田浩二・和子
72. 美作の歌舞伎芝居・二宮朔山
(73.) 岡山の民間信仰・三浦秀宥
(74.) 岡山の奇人変人・蓬郷巌
75. 岡山の食習俗・鶴藤鹿忠
76. 岡山の明治洋風建築・中力昭
77. 山陽路の地理散歩・宗田克巳
(78.) 岡山の風俗・蓬郷巌
79. 岡山の海藻・大森長朗
(80.) 岡山の書・佐藤英夫
81. 岡山浮世噺・岡長平
82. 岡山の神社仏閣・市川俊介
83. 中国山地・三浦秀宥・竹内平吉郎
(84.) 岡山の島・巌津政右衛門
85. 岡山の山と峠・宗田克巳
86. 吉備の石ぶみ・井上雄風
(87.) 岡山の怪談・佐藤米司
88. 岡山の自然公園・山陽カメラクラブ
89. 岡山の漁業・西川太
90. 岡山の天文気象・石田五郎・佐橋謙
91. 岡山の郵便・萩野秀
(92.) 岡山の鉱物・沼野忠之
93. 岡山のふるさと村・巌津政右衛門
94. 岡山の経済散歩・吉永義光
95. 岡山の庭・山本利幸・前田勝也
96. 岡山の匠・浅原健
97. 岡山の童うたと遊び・立石憲利
98. 岡山の衣服・福尾美夜
(99.) 岡山の民俗・土井卓治・佐藤米司・鶴藤鹿忠
(100.) 岡山の樹木・西原礼之助・古屋野寛

201. 総社の散策・神野 力・葛原克人・加藤信二
202. 岡山の路面電車・楢原雄一
203. 岡山ふだんの食事・鶴藤鹿忠
204. 岡山のふるさと市・倉敷ぶんか倶楽部
205. 岡山の流れ橋・渡邉隆男
206. 岡山の河川拓本散策・坂本亜紀児
207. 備前を歩く・前川 満
208. 岡山言葉の地図・今石元久
209. 岡山の和菓子・太郎良裕子
210. 吉備真備の世界・中山 薫
211. 柵原散策・片山 薫
212. 岡山の岩石・野瀬重人・沼野忠之
213. 岡山の能・狂言・金関 猛
214. 岡山の鏝絵・赤松壽郎
215. 山田方谷の世界・朝森 要
216. 岡山おもしろウオッチング・おかやま路上観察学会
217. 岡山の通過儀礼・鶴藤鹿忠
218. 日生を歩く・前川 満
219. 備北・美作地域の寺・川端定三郎
220. 岡山の親柱と高欄・渡邉隆男
221. 西東三鬼の世界・小見山 輝
222. 岡山の花粉症・三好・難波・岡 岡野・山本
223. 操山を歩く・谷淵陽一
224. おかやま山陽道の拓本散策・坂本亜紀児
225. 霊山熊山・仙田 実
226. 岡山の正月儀礼・鶴藤鹿忠
227. 原子物理学の父 仁科芳雄・井上 泉・イシイ省三
228. 赤松月船の世界・定金恒次
229. 邑久を歩く・前川 満
230. 岡山の宝箱・臼井洋輔・臼井隆子
231. 平賀元義を歩く・渡部秀人・竹内佑宜
232. 岡山の中学校運動場・奥田澄二
233. おかやまの桃太郎・市川俊介
234. 岡山のイコン・植田心壮
235. 神島八十八ヶ所・坂本亜紀児
236. 倉敷ぶらり散策・倉敷ぶんか倶楽部
237. 作州津山 維新事情・竹内佑宜
238. 坂田一男と素描・妹尾克己・イシイ省三
239. 岡山の作物文化誌・臼井英治
240. 児島八十八ヶ所霊場巡り・倉敷ぶんか倶楽部
241. 岡山の花ごよみ・前川 満
242. 英語の達人・本田増次郎・小原 孝
243. 城下町勝山ぶらり散策・橋本惣司・倉敷ぶんか倶楽部
244. 高梁の散策・朝森 要
245. 薄田泣菫の世界・黒田えみ
246. 岡山の動物昔話・立石憲利・江草昭治
247. 岡山の木造校舎・河原 馨
248. 玉島界隈ぶらり散策・小野敏也・倉敷ぶんか倶楽部
249. 岡山の石橋・北脇義友
250. 哲西の先覚者・加藤章三
251. 作州画人伝・竹内佑宜
252. 笠岡諸島ぶらり散策・NPO法人かさおか島づくり海社
253. 磯崎眠亀と錦莞莚・吉原 睦
254. 岡山の考現学・おかやま路上観察学会
255. 「備中吹屋」を歩く・前川 満
256. 上道郡沖新田・安倉清博
257. 続・岡山の作物文化誌・臼井英治
258. 土光敏夫の世界・猪木正実
259. 吉備のたたら・岡山地名研究会
260. いろはで綴る ボクの子供事典・赤枝郁郎
261. 民話の里 鏡野町伝説紀行・立石憲利・片田知宏
262. 笠岡界隈ぶらり散策・ぶらり笠岡友の会
263. つやま自然のふしぎ館・森本信一
264. 岡山の山野草と野生ラン・小林克己
265. 文化探検 岡山の甲冑・臼井洋輔
266. ママカリ ヒラに まったりサーラ・窪田清一
267. 岡山の駅舎・河原 馨
268. 守分 十の世界・猪木正実
269. 備中売薬・土岐隆信・木下 浩
270. 倉敷市立美術館・倉敷市立美術館
271. 津田永忠の新田開発の心・柴田 一
272. 岡山ぶらりスケッチ紀行・南 一平・網本善光
273. 倉敷美観地区 歴史と民俗・吉原 睦
274. 森田思軒の世界・倉敷ぶんか倶楽部
275. 三木行治の世界・猪木正実
276. 岡山路面電車各駅街歩き・倉敷ぶんか倶楽部
277. 赤磐きらり散策・高畑富子
278. 岡山民俗館 民具一〇〇選・岡山民俗学会
279. 笠岡市立竹喬美術館・笠岡市立竹喬美術館
280. 岡山の夏目金之助(漱石)・横山俊之・熊代正英
281. 吉備の中山を歩く・熊代哲士・熊代建治
282. 備前刀 日本刀の王者・佐藤寛介・植野哲也
283. 繊維王国おかやま今昔・猪木正実
284. 温羅伝説・中山 薫
285. 現代の歌聖 清水比庵・笠岡市立竹喬美術館
286. 鴨方往来拓本散策・坂本亜紀児
287. 玉島旧柚木家ゆかりの人々・倉敷ぶんか倶楽部
288. カバヤ児童文庫の世界・岡 長平
289. 野﨑邸と野﨑武左衛門・猪木正実
290. 岡山の妖怪事典 妖怪編・木下 浩
291. 松村緑の世界・黒田えみ
292. 吉備線各駅ぶらり散策・倉敷ぶんか倶楽部
293. 「郷原漆器」復興の歩み・高山雅之
294. 作家たちの心のふるさと・加藤章三
295. 自画像の異彩画家 河原修平の世界・倉敷ぶんか倶楽部
296. 岡山の妖怪事典 鬼・天狗・河童編・木下 浩
297. 歴史・伝承・文学・アート 岡山の魅力再発見・柳生尚志
298. 井原石造物歴史散策・大島千鶴
299. 岡山の銀行 合併・淘汰の150年・猪木正実
300. 吹屋ベンガラ・臼井洋輔